Neuer Geschoß-
wohnungsbau

Christoph Gunßer

Neuer Geschoß-

wohnungsbau

Deutsche Verlags-Anstalt
Stuttgart München

Die Deutsche Bibliothek – CIP-Einheitsaufnahme
Ein Titeldatensatz für diese Publikation ist bei
Der Deutschen Bibliothek erhältlich

© 2000 Deutsche Verlags-Anstalt GmbH, Stuttgart München
Alle Rechte vorbehalten
Lektorat: Andrea Bartelt
Typografische Gestaltung: Brigitte Müller
Satz: Frutiger (QuarkXPress) im Verlag
Repro: Die Repro GmbH, Tamm
Druck und Bindearbeit: Friedrich Pustet, Regensburg
Diese Ausgabe wurde auf chlor- und säurefrei
gebleichtem, alterungsbeständigem Papier gedruckt.
Printed in Germany

ISBN 3-421-03254-8

INHALT

Einführung

Punkthäuser

8 Stadtvilla in Kassel
    Alexander Reichel, Kassel/München

14 Stadtvilla in Kassel
    Berthold H. Penkhues, Kassel

20 Zwei Solitäre in Frankfurt am Main
    Christian Muschalek, Stuttgart/Straßburg

Zeilen

28 Wohnanlage in Ingolstadt
    Mang und Zellner, Ingolstadt

34 Wohnanlage in Regensburg
    Fink + Jocher, München

40 Wohnanlage in Mäder (Vorarlberg)
    Baumschlager + Eberle, Lochau

44 Wohnanlage in München-Altperlach
    Herbert Meyer-Sternberg, München

50 Wohnsiedlung in München-Ludwigsfeld
    Helmut Zieseritsch, Graz

56 Wohnsiedlung in Winterthur (Schweiz)
    Beat und Robert Rothen, Winterthur

64 Wohnsiedlung in Zürich-Höngg (Schweiz)
    Metron Architekturbüro, Brugg

70 Wohnbebauung in Berlin-Spandau
    Feige + Partner, Berlin

74 Wohnanlage in Winterthur (Schweiz)
    Hans Binder, Winterthur

78 Wohnungsbau in Regensburg
    Hans Engel, Augsburg

Blöcke

82 Wohnquartier in Hannover
Fink + Jocher, München

88 Wohnbebauung in Berlin-Weißensee
J. F. Vorderwülbecke, Berlin

96 Parkstadt Unterliederbach (I), Frankfurt am Main
Wolfgang Rang, Frankfurt am Main

102 Das »Bürgerparkviertel« in Darmstadt
Rüdiger Kramm & Axel Strigl, Darmstadt

108 Wohnanlage in Freiburg
Planungsgruppe Integrale Architektur, Karlsruhe

114 Integriertes Wohnen in Ingolstadt
Meck und Köppel, München

122 Wohnquartier in Konstanz-Wollmatingen
Ingo Bucher-Beholz, Gaienhofen

128 Integriertes Wohnen in Günzburg
G. A. S. Sahner, Stuttgart

134 Wohnbebauung in München-Ramersdorf
Susanne Söldner und Dirk Stender, München

140 Integriertes Wohnen in München-Altperlach
Herbert Meyer-Sternberg, München

Ergänzungen

148 Eckbebauung in Tübingen
Gerd-Rüdiger Panzer, Martin Frey, Tübingen

152 Stadthaus in Tübingen
Thomas Bürk, Tübingen

156 Lückenschluß in Offenbach
Alfred Jacoby, Frankfurt am Main

160 Weiterführende Literatur
Bildnachweis

Und er bewegt sich doch …
Der Geschoßwohnungsbau als Gestaltungsaufgabe

Wenn die Architektur heute in der Öffentlichkeit etwas mehr Beachtung findet als vor zehn, zwanzig Jahren, wenn sie gar schon als das kulturelle Leitmedium gefeiert wird, dann ist damit bestimmt nicht der Geschoßwohnungsbau gemeint. Gemessen an seiner volkswirtschaftlichen Bedeutung, von der Rolle im Alltag der Menschen ganz zu schweigen, führt der Wohnungsbau ein mediales Schattendasein. Dabei erlebte die Branche in den neunziger Jahren rein quantitativ einen Boom wie schon lange nicht mehr: Um die Mitte des Jahrzehnts wurden in Deutschland regelmäßig rund eine halbe Million Wohnungen pro Jahr fertiggestellt. Damit flossen zeitweise immerhin 7,5 Prozent des Bruttosozialprodukts in den Wohnungsbau. Darüber, wie denn diese Bau-Massen am menschenfreundlichsten auszusehen hätten, wäre eine breite öffentliche Debatte gewiß lohnend gewesen. Doch selbst für die meisten Fachzeitschriften lag das Thema unterhalb der Reizschwelle, während die repräsentative Architektur neuer Staats-, Kultur- und Bürobauten auf den medialen Thron gehoben wurde. Im Wohnungsbau, so die verbreitete Auffassung, bewegt sich inhaltlich wie bautechnisch nicht viel.

Das war in den siebziger und achtziger Jahren noch anders. Nach den in vielen Fällen desaströsen Erfahrungen mit anonymen Trabanten- und kaputtgeplanten Innenstädten sahen sowohl Architekten wie Medien im Wohnungsbau einen großen Handlungsbedarf. Wahrhaft »sozial« sollte er sein, und zudem wurden erstmals die Qualitäten städtischer Quartiere und Milieus erkannt: »Quartiere zum Wohnen«, »Wohnungsbau und öffentlicher Raum« – so hießen in jener Zeit vielbeachtete Bücher.

Zudem rückte der Flächenverbrauch durch periphere Einzelhausbebauung und den Bau der dazugehörigen Straßen ins Bewußtsein. In Modellvorhaben für kosten- und flächensparendes Bauen wurden zahlreiche Alternativen entwickelt.

In den neunziger Jahren spielte all das scheinbar keine große Rolle mehr. Klotzen statt Kleckern schien wieder einmal angesagt. Großzügige Förderprogramme und neue Gesetze, unter anderem zur erleichterten Ausweisung von Wohnbauland, sollten die durch jahrelange Untätigkeit mitverursachten Engpässe auf dem Wohnungsmarkt beheben – viele Unternehmen holten ihre Standardmodelle aus den Schubladen. Bei den meisten dieser sogenannten Wohnbauschwerpunkte trifft der Eindruck wohl zu, daß da nur mehr vom ewig Gleichen geboten wurde. Die ohnehin eher konservative Branche sah angesichts der Nachfrage keinen Grund zu zeitraubenden Neuerungen.

Doch neben den unter dem Druck der Zuwanderung allzu rasch errichteten neuen Trabantensiedlungen – wenigstens waren es dieses Mal keine Betongebirge, sondern »Vorstädte« – entstanden in den neunziger Jahren auch bemerkenswerte Quartiere und Einzelbauten, in und mit denen wichtige Erkenntnisse aus den erwähnten Krisenjahren umgesetzt wurden. Ihnen gilt die Aufmerksamkeit dieses Buchs.

Geht der Disput der Architekten um die richtige verdichtete Wohnform an den wahren Wünschen der Menschen vorbei? – Viele neue Geschoßwohnbauten entsprechen jedenfalls nicht mehr dem Klischee von der tristen Schachtel.

Viele Konzepte und der Handlungsbedarf sind allen Verantwortlichen bekannt. Demographische Trends wie die wachsende Zahl alter Menschen und der Wunsch vieler junger Leute, möglichst früh selbstbestimmt zu wohnen, die von der Politik geförderte »Kultur der Selbständigkeit«, zunehmende Dienstleistungstätigkeiten und die damit verbundene Annäherung von Wohnen und Arbeiten – stellen nur einige der hier relevanten Stichworte dar. Soziologen und Architekten sind sich nicht ganz im klaren, welche Folgen all dies für die Gestalt der Wohnungen hat oder haben sollte – eine Patentlösung gibt es eh nicht. Auch hierzu nur ein paar Anhaltspunkte: Die Wohnung selbst sollte auf sich wandelnde Lebenslagen vorbereitet sein, sie sollte Offenheit wie Geborgenheit vermitteln können und auch als Arbeitsplatz tauglich sein; zugleich wird das Wohnumfeld für all jene, die keiner regelmäßigen außerhäusigen Tätigkeit (mehr) nachgehen, eminent wichtig: Hier sollte Platz für Aktivitäten, auch für zwanglose Begegnungen sein. Durch gegenseitige Hilfeleistungen von Jung und Alt, Gesunden und Behinderten, wie es das »integrierte Wohnen« vorsieht, wird bürokratische Fürsorge vermieden und ein »eigenes Leben« möglich; Miet- und Eigentumswohnungen sollten möglichst miteinander gemischt werden, um Ghettobildungen zu vermeiden – zu solchen sozialen Innovationen fehlt indes weniger der Wille als unbürokratische rechtliche Regelungen. So lassen sich noch immer nicht öffentlich geförderte und frei finanzierte Wohnungen in einem gemeinsamen Gebäude anordnen. Wohl kein Bereich ist derart »verregelt« wie der öffentlich geförderte Wohnungsbau – auch wenn es inzwischen Ansätze zur Lichtung dieses Paragraphendschungels gibt. Andererseits verteilen die öffentlichen Hände weiterhin viele Fördermittel, ohne auf gebäudekundliche oder ökologische Qualitäten zu achten. In der Schweiz wird eine Förderung seit langem an die Einhaltung eines Qualitätenkatalogs geknüpft.

Objektive Fortschritte gibt es inzwischen bei der technischen Rationalisierung des Bauprozesses. Vorfertigung wird heute nicht mehr nur im Rohbau angewandt, sondern auch im besonders kostenintensiven Ausbau: So werden beispielsweise ganze Bäder als Zellen eingebaut. Hier wurde lange Jahre teuer »gebastelt« (wobei auf Wunsch der Selbsthilfe ein durchaus ernstzunehmender Anteil zugestanden werden sollte). Auch wenn es unter Architekten wieder eine gewisse Vorliebe für die »Ästhetik der Serie« gibt, lassen neuere Entwicklungen – etwa die Holzsystembauweise – doch vielfältige Variationen in Grund- und Aufriß zu.

Besser als alle Aufzählungen geben die Beispiele in diesem Buch einen Überblick über diese vielen Möglichkeiten.
Die vorgestellten Projekte sind nach ihren städtebaulichen Merkmalen grob in vier Kapitel gegliedert: Punkthäuser, Zeilen, Blöcke und Ergänzungen. Genaugenommen, handelt es sich bei fast allen gezeigten Beispielen um mehr oder weniger umfangreiche Ergänzungen des städtischen Bestands, denn die Planungen »auf der grünen Wiese« überzeugen selten.

Eine weitere Gemeinsamkeit der Projekte ist die relativ geringe Geschoßzahl. Auch wenn Wohnhochhäuser derzeit wieder gebaut werden, werden sie eine städtebaulich weiterhin fragwürdige Sonderwohnform bleiben, die eigentlich nur für Zweitwohnsitze taugt. Zudem zeigt die Erfahrung, daß zu hohe Verdichtungen »Fluchtbewegungen« auslösen: Wer keinen Freiraum in der Nähe findet, weicht auf erhöhte Mobilität aus. Relativ unabhängig vom Standort entstehen daher zumeist bis zu fünfgeschossige Quartiere mittlerer Dichte.
Alle vier Bausteine haben ihre besonderen Qualitäten und ergänzen einander in ihren städtebaulichen Absichten. Was für die Wohnungen innerhalb eines Hauses gilt – das Ziel einer möglichst großen Vielfalt –, gilt auch für die typologische Struktur eines Wohnquartiers: Die Mischung von Punkthaus, Zeile, Block und Sonderformen ergibt einander ergänzende Raumstrukturen und einprägsame Situationen. Typologische Mischformen sind ohnehin üblich: Kaum ein Architekt realisiert noch völlig geschlossene Wohnblöcke. Vielmehr bestehen Blockrandbebauungen zur Umgehung tiefer und schwer belichtbarer Ecken oft aus der Kombination von mehreren Zeilen; auch Punkthäuser können – etwa auf der Südseite – einen durchlässigen Blockrand bilden. Vielen der Beispiele gemeinsam sind differenzierte Erschließungsformen, so die im Zeichen der Kostenersparnis wiederkehrenden Laubengänge und Maisonetten als »Häuser im Haus«. Doch ist dies kein Buch über die Grundlagen der Gebäudekunde und des städtebaulichen Entwerfens. Dazu sei auf die Literaturauswahl auf Seite 160 verwiesen.

Gegenwärtig ist im Geschoßwohnungsbau ein starker Rückgang zu verzeichnen. Tatsächlich ist die Mehrheit der Bevölkerung mit durchschnittlich 40 m^2 Wohnfläche pro Kopf ausreichend versorgt. Der Wohlstandsbedarf und eine in ihren städtebaulichen Auswirkungen problematische Förderung nach dem Gießkannenprinzip führen statt dessen zu einer regelrechten Schwemme an Einfamilienhäusern. Die Rationalisierungsbemühungen richten sich derzeit besonders auf dieses lukrative Marktsegment – das Häuschen für 300 000 Mark für (fast) alle ist das Ziel. Daß damit die beharrlich als Klischee beklagte Tristesse im Wohnblock häufig nur gegen die Ödnis der »Grüne-Witwen-Existenz« fernab der Stadt eingetauscht wird, bedenken wenige der Aspiranten.
Der so weiter wachsende Flächenverbrauch (zur Zeit 120 ha pro Tag), verstopfte Straßen, steigende Energiepreise und nicht zuletzt ein Bedürfnis nach unvermittelter Nähe, nach der »Stadt der kurzen Wege«, könnten da schon bald zur nächsten Konjunktur des Geschoßwohnungsbaus führen. Richtig geplant, übertrifft diese Bauweise alle anderen in puncto »Nachhaltigkeit« – dieses Buch will dazu beitragen, daß Bauherren und Architekten auch deren gestalterischen Reiz entdecken.

Fachwerkwürfel

Stadtvilla in Kassel
Architekt: Alexander Reichel, Kassel/München

**Blick von der Sternstraße aus Nordosten:
Der als Turm herausgezogene Eingang liegt
gut auffindbar an der Seite**

Im Rahmen der »Etüden über den Wohnwürfel« (siehe Seite 14) entstand auch diese Stadtvilla nach den strikten Regeln des Ideenwettbewerbs von 1996. Sie besetzt das mittlere Grundstück auf der Flußseite, im Norden grenzt sie an die grüne Eminenz des Steinblocks von Berthold Penkhues, der Nachbarbau im Süden sollte ursprünglich nach einem Entwurf der Baufrösche als Turm realisiert werden – drei Büros, drei ganz unterschiedliche Handschriften. Die Vorgehensweise der Unterneustadt-Planer, innerhalb eines kleinteilig vorstrukturierten und parzellierten Terrains architektonische Vielfalt zuzulassen, hat sich hier bewährt.

Der Baukörper mißt 13, 52 x 12, 30 Meter im Grundriß und ist 15,40 Meter hoch. Seine annähernd kubische Form wird konstruktiv durch ein ebenmäßiges Betonskelett von 4 x 4 x 4 Feldern (plus Sockel) gegliedert. Um dieses Skelett auch außen zeigen zu können, ohne Wärmebrücken in Kauf zu nehmen, wurde es mit 3 cm starken Fertigteilen aus Glasfaserbeton verkleidet.

Die Felder dazwischen füllen – je nach Nutzung – raumhohe Glastüren mit Klappschiebeläden oder Holztafelelemente, beide sind aus Lärchenholz, das zum kühlen, gleichmäßig hellgrauen Beton einen feinen Kontrast von Warm und Kalt bildet. Im strengen Rahmen der Konstruktion entstehen so grafisch reizvolle Fassaden, welche durch die wechselnde Stellung der Läden »lebendig« werden. Der Architekt versteht sie auch als eine Reverenz an historische Fachwerkbauten in der Nachbarschaft.

Anders als das in diesem Buch ebenfalls dokumentierte Nachbarhaus ist der Fachwerkwürfel im Inneren in zwei Hälften geteilt: Als seitlich erschlossener Zweispänner bietet er – im Normalgeschoß – eine Wohnung zur Flußseite und eine zur Sternstraße. Alle Wohnräume sind nach Süden, zur Aussichtsseite, orientiert, die Schlaf- und Nebenräume nach Norden. Auch das sich über Sockel- und Erdgeschoß erstreckende Büro wird durch die – im Wettbewerb verlangte, im damaligen Entwurf aber noch unterirdisch vorgesehene – Garage beschnitten, sodaß die platonische Außenform als Ganzes nur von außen wahrnehmbar ist. Wenngleich der Eingang ins helle Treppenhaus hier geschickt durch einen freigestellten Turm (mit den Abstellräumen) akzentuiert wird – das großzügige Zeremoniell der Hinführung, repräsentativer Entrées und ausladender Treppenaufgänge, wie es in alten Villen existierte, ist hier aus verständlichen Gründen verschwunden. Die »Stadtvilla« (nach klassischem Verständnis des Begriffs ist das ohnehin ein Widerspruch in sich – die Villen der Römer und der Renaissance standen auf dem Lande) ist und bleibt ein Kompromiß.

Die hier gezeigte rationalistische Variante dieses Stadtbausteines bekennt sich zur Funktion als großzügiges freistehendes Mehrfamilienhaus. Es handelt sich um einen äußerst klaren, kompakten und dabei variablen Typus, dessen Skelettkonstruktion im Prinzip ganz unterschiedliche Grundrisse zuläßt – zur Zeit des Wettbewerbes sollte sogar die Nutzung als Büro oder Praxis möglich sein.

**Süd- und Ostseite werden vom
Wechselspiel der »Gefache« im
strengen Raster der Konstruktion
bestimmt**

10 PUNKTHÄUSER

Bauherr, Statik und Bauleitung:
Hochtief AG Kassel, Fuldabrück
Architekt: Alexander Reichel, Kassel/München
Mitarbeit Wettbewerb: Johanna Reichel-Vossen,
Caroline Ossenberg-Engels, Elke Radloff
Mitarbeit Ausführungsplanung: Johanna Reichel-Vossen, Stefan Seibert
Baukosten: 2414 DM /m² Nutzfläche
GFZ: 1,65
Fertigstellung: 1999
Standort: Sternstraße 16, Kassel-Unterneustadt

Der Turm auf der Nordseite bildet eine klare, geradezu funktionalistische Vertikale - anders als zu vermuten, liegen Lift und Treppe jedoch im Würfel und im Turm ein Abstellraum!

Der beleuchtete Turm

Stadtvilla in Kassel

**Auf der Dachterrasse wird das schwere Beton-
skelett offen fortgeführt**

Der offene Grundriß bietet viele Möglichkeiten

12 PUNKTHÄUSER

Grundrisse und Nord-Süd-Schnitt, M 1:200

4. OG

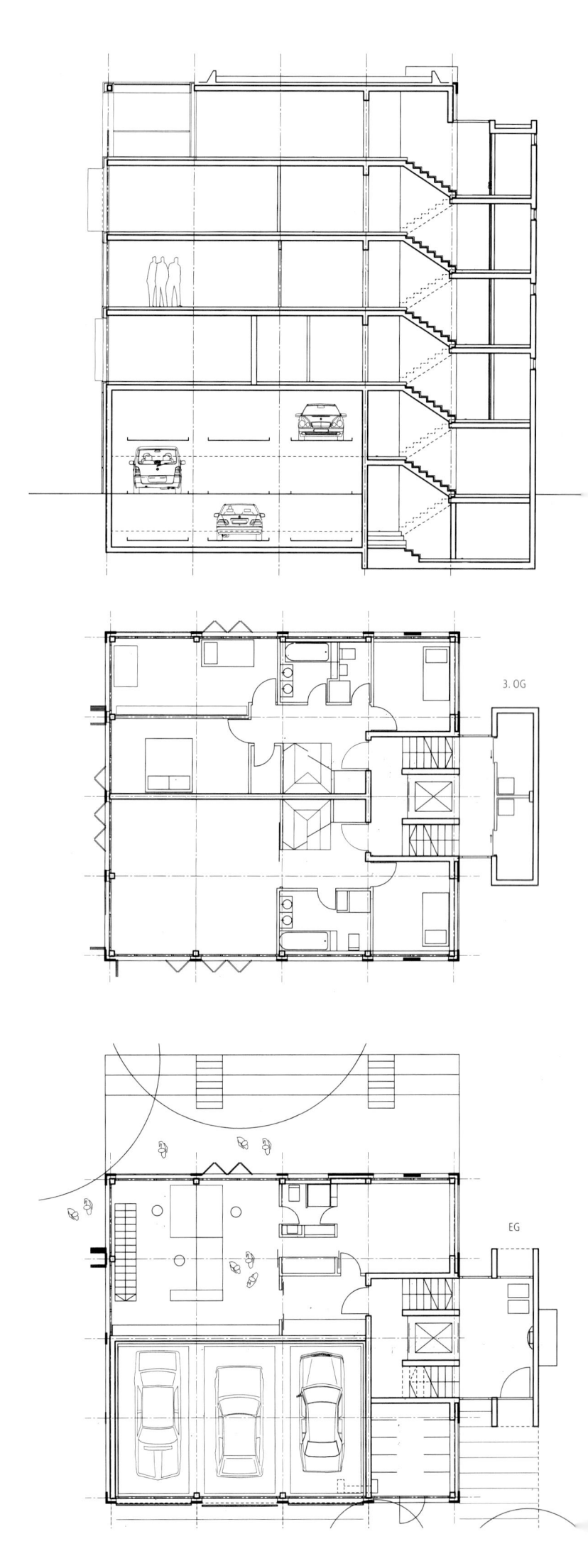

1. OG

3. OG

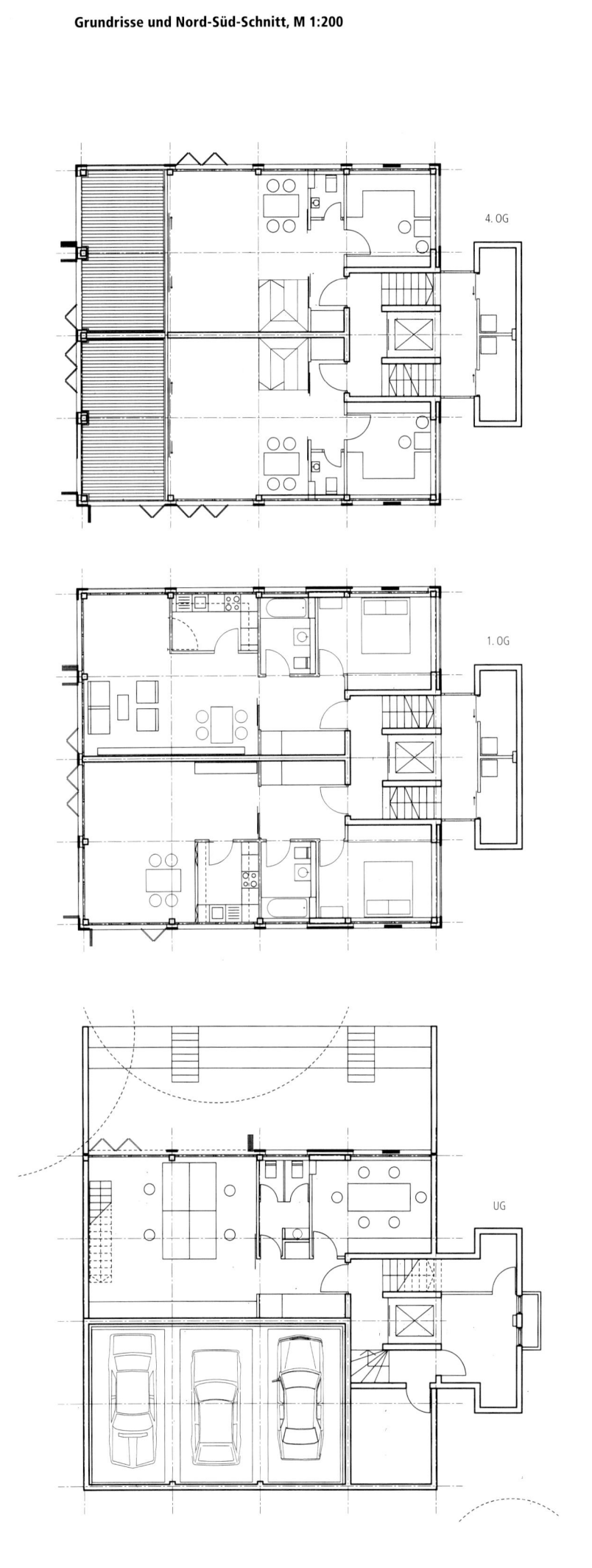

UG

EG

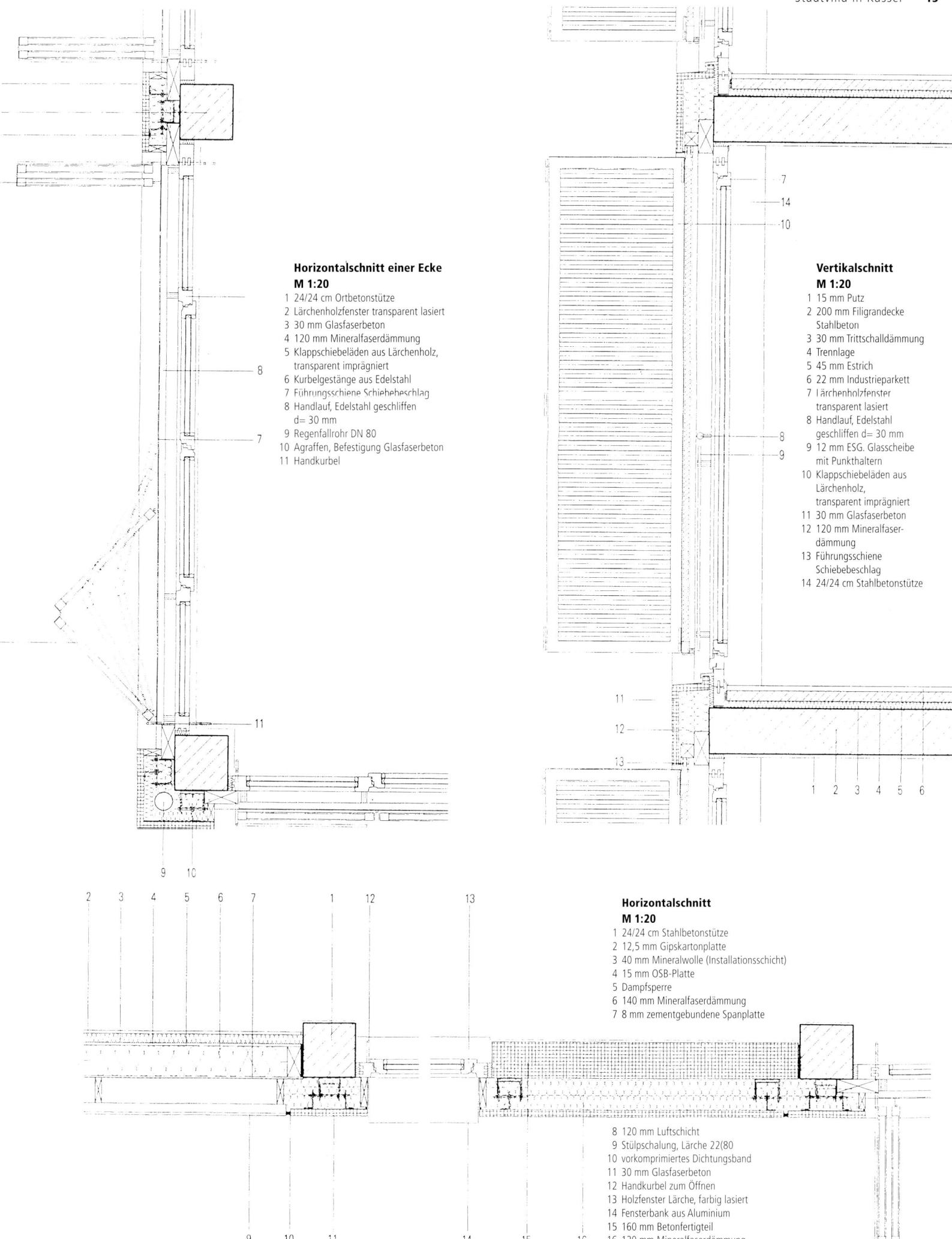

Horizontalschnitt einer Ecke
M 1:20
1. 24/24 cm Ortbetonstütze
2. Lärchenholzfenster transparent lasiert
3. 30 mm Glasfaserbeton
4. 120 mm Mineralfaserdämmung
5. Klappschiebeläden aus Lärchenholz, transparent imprägniert
6. Kurbelgestänge aus Edelstahl
7. Führungsschiene Schiebebeschlag
8. Handlauf, Edelstahl geschliffen d= 30 mm
9. Regenfallrohr DN 80
10. Agraffen, Befestigung Glasfaserbeton
11. Handkurbel

Vertikalschnitt
M 1:20
1. 15 mm Putz
2. 200 mm Filigrandecke Stahlbeton
3. 30 mm Trittschalldämmung
4. Trennlage
5. 45 mm Estrich
6. 22 mm Industrieparkett
7. Lärchenholzfenster transparent lasiert
8. Handlauf, Edelstahl geschliffen d= 30 mm
9. 12 mm ESG. Glasscheibe mit Punkthaltern
10. Klappschiebeläden aus Lärchenholz, transparent imprägniert
11. 30 mm Glasfaserbeton
12. 120 mm Mineralfaserdämmung
13. Führungsschiene Schiebebeschlag
14. 24/24 cm Stahlbetonstütze

Horizontalschnitt
M 1:20
1. 24/24 cm Stahlbetonstütze
2. 12,5 mm Gipskartonplatte
3. 40 mm Mineralwolle (Installationsschicht)
4. 15 mm OSB-Platte
5. Dampfsperre
6. 140 mm Mineralfaserdämmung
7. 8 mm zementgebundene Spanplatte
8. 120 mm Luftschicht
9. Stülpschalung, Lärche 22/80
10. vorkomprimiertes Dichtungsband
11. 30 mm Glasfaserbeton
12. Handkurbel zum Öffnen
13. Holzfenster Lärche, farbig lasiert
14. Fensterbank aus Aluminium
15. 160 mm Betonfertigteil
16. 120 mm Mineralfaserdämmung

Etüde über den Wohnwürfel

Stadtvilla in Kassel
Architekt: Berthold H. Penkhues, Kassel

Der durch Vorsprünge und Einschnitte differenzierte Würfel von Norden; im Hintergrund die auf Seite 8 vorgestellte Villa

Stadtvillen-Perspektive an der Sternstraße

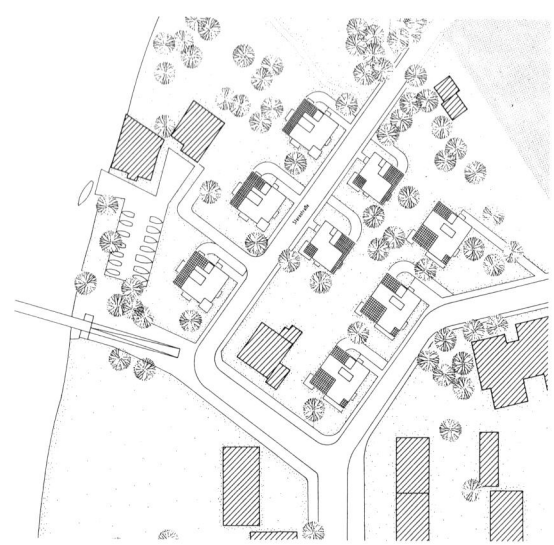

Lageplan des Stadtvillengebiets der Unterneustadt; links die Fulda

In den achtziger Jahren kehrte ein Bautyp auf die Bildfläche zurück, der lange Zeit vergessen schien: die Stadtvilla. Im Kleide der damals vorherrschenden Postmoderne eignete sich die neu-alte Bauform besonders für die opulenten »Bauherrenmodelle« jener Jahre, doch auch die Internationale Bauausstellung Berlin deklinierte das Thema eifrig durch (etwa an der Rauchstraße). Puristen pflegten indes über die meisten dieser »Kaffeemühlen« die Nase zu rümpfen – in ihren Augen war dieser Stadtbaustein zu starr, zu symmetrisch, wenig raumbildend und als Bild letzlich platt.

Inzwischen haben die Protagonisten einer »neuen Einfachheit« auch die Stadtvilla in ihr Repertoire aufgenommen. Gleich an mehreren Orten in Deutschland erlebt das städtische Punkthaus ein Comeback in neuer, gereinigter Gestalt: so in der Wasserstadt Berlin-Spandau, in Frankfurt (siehe Seite 20) – und in der wiedererstehenden Unterneustadt in Kassel.

»Kritische Rekonstruktion« nennt sich das Verfahren, mit dem die im Zweiten Weltkrieg durch Bomben ausradierte Vorstadt jenseits der Fulda neu geplant wird: Die historische Bebauung soll hier nicht sklavisch kopiert, sondern strukturell und mit zeitgemäßen Mitteln nachempfunden werden. Neben einem dichten Quartier mit Blöcken gab es in der Unterneustadt auch ein Gebiet mit Villen im Grünen. An diese Bebauung entlang der Fulda, gegenüber der heutigen Kernstadt und mit ihr über eine Fußgängerbrücke (die sogenannte »Drahtbrücke«) verbunden, knüpft die Neuplanung in Gestalt von acht Stadtvillen an. Für sie wurde 1996 – auf zuvor etwa gleichmäßig parzellierten und an mehrere Investoren verkauften Grundstücken – ein offener regionaler Architektenwettbewerb veranstaltet.

Die Ergebnisse bieten ganz verschiedenartige Neuinterpretationen des Themas Stadtvilla, durchweg auf hohem gestalterischen Niveau. Die wohl differenzierteste und in ihrer spielerischen Systematik bestechendste Arbeit lieferte der Kasseler Architekturprofessor Berthold Penkhues: Als Beispiel für seine Etüden über den Wohnwürfel sei hier der Typ A vorgeführt.

Genau genommen sind die Stadtvillen allesamt keine exakten Würfel, sondern durch die Festlegung »IV+D« im Bebauungsplan etwas höher als breit. In der Wahrnehmung, welche die Vertikale insbesondere aus der Nähe geringfügig verkürzt, gehen die Baukörper jedoch als Würfel durch.

Penkhues spricht von der »Thematisierung einer platonischen Figur, die gewollt manipuliert wird, sich rational aber aus der inneren Organisation der funktionalen Zusammenhänge erklären läßt. Semantische Anleihen zur Villa Sternstraße 19 finden keine Begründung. Gerade die Unterschiedlichkeit läßt das gewachsene Ensemble um die alte Villa als Bild weiterbestehen. Die Unterbrechung baulicher Kontinuität an diesem Ort und die plötzliche Intervention müssen in deren raum-zeitgeschichtlichem Zusammenhang deutlich lesbar sein.«

Die auffällig unauffällig in edlem dunkelgrünem Naturstein verkleidete Villa A ist in die Reste des alten Parks eingebettet, große alte Bäume überwölben das Terrain – dieser Ort verlangte nach einer puren, platonischen Form. Die plastische Durchbildung des Baukörpers gibt jeder der sieben Wohnungen einen eigenen Bezug zu diesem Freiraum. Das abstrakte Spiel von Block und Öffnung, Volumen und Fläche, Vertikale und Horizontale, Stein und Glas ist meisterhaft erdacht und ebenso präzise ausgeführt worden. Vorsprünge und Einschübe lassen auch im Freien subtile Übergänge, Räume entstehen. Erinnert der Eingang nicht sogar ein wenig an Mies van der Rohes Barcelona Pavillon von 1929? Wie dem auch sei: Die Stadtvilla ist endgültig ins Repertoire der Moderne aufgenommen worden.

Zwei Interpretationen des Themas Stadtvilla

Der Eingang auf der Nordseite

Ausschnitt der Straßenfassade

18 PUNKTHÄUSER

Grundrisse und Schnitte, M 1:200

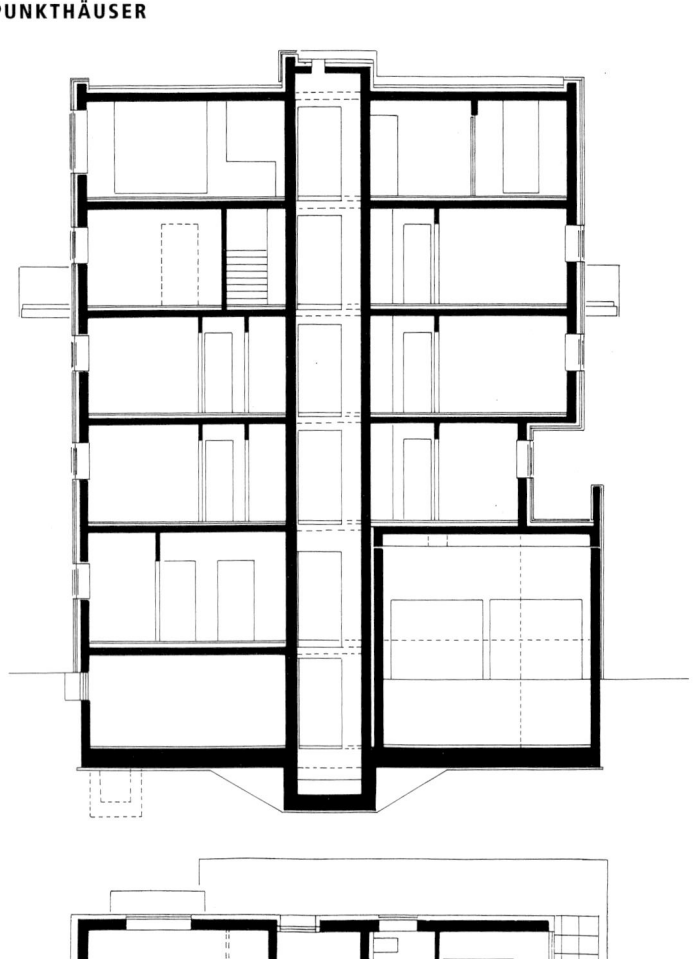
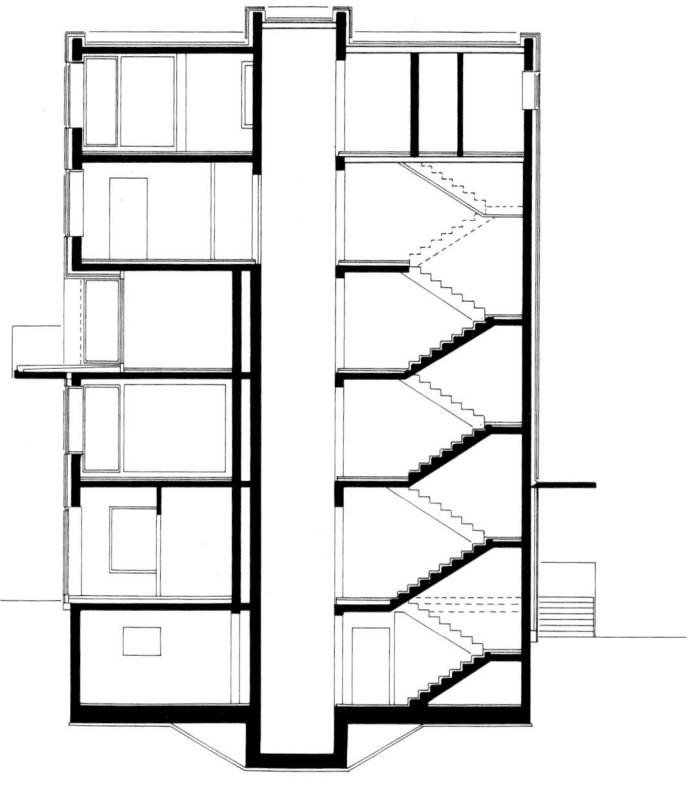

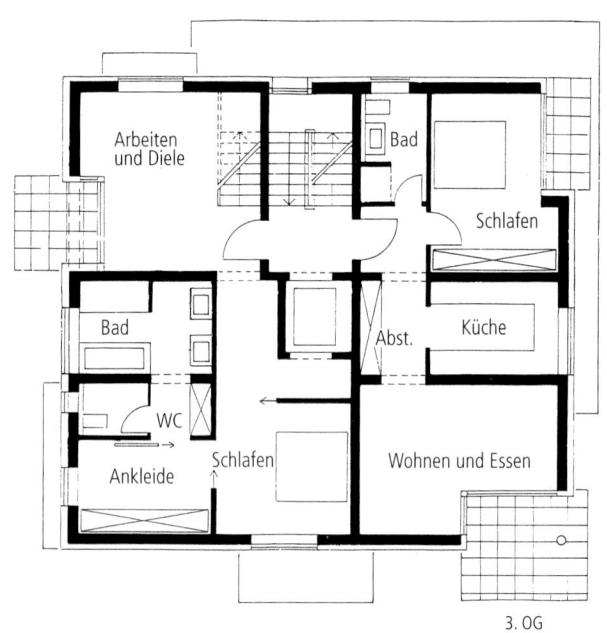

3. OG

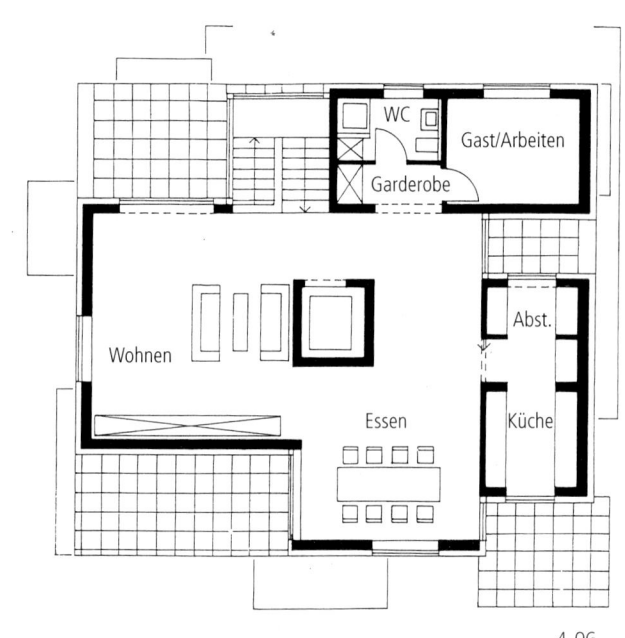

4. OG

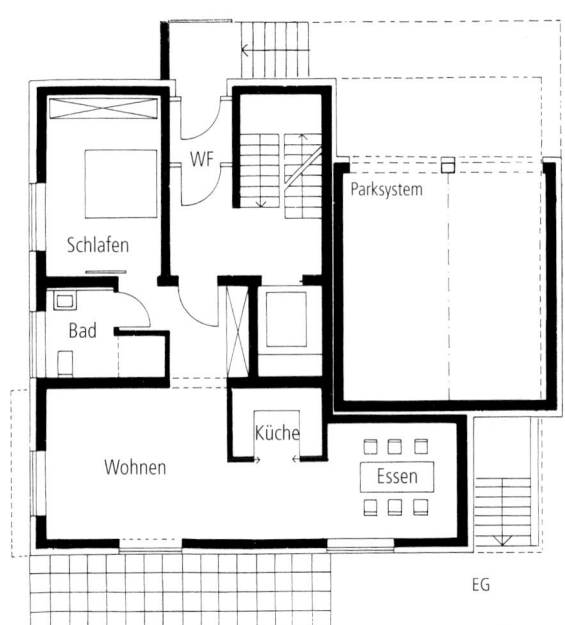

EG

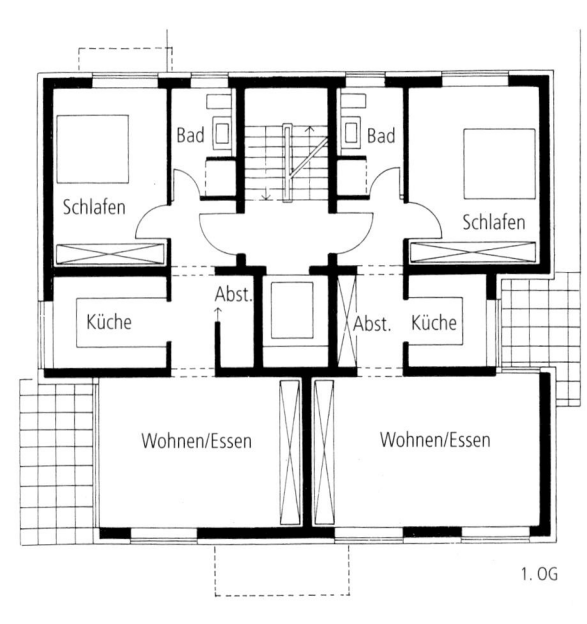

1. OG

Stadtvilla in Kassel

Die Nordfassade mit dem Eingang

Details, M 1:10

Loggia, Schnitt

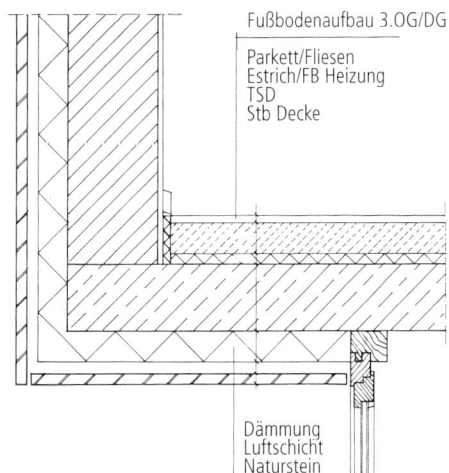

Fußbodenaufbau 3.OG/DG
Parkett/Fliesen
Estrich/FB Heizung
TSD
Stb Decke

Dämmung
Luftschicht
Naturstein

Fußboden/Balkon, Schnitt

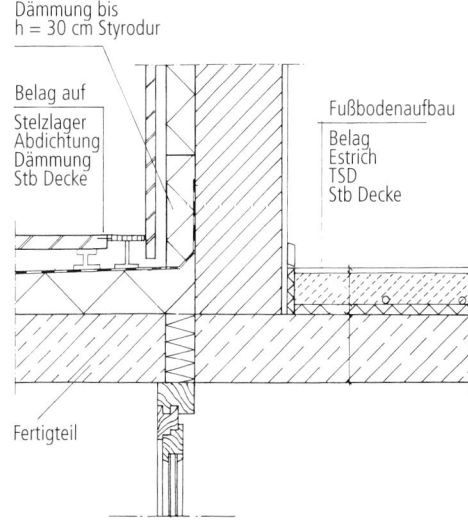

Dämmung bis h = 30 cm Styrodur

Belag auf
Stelzlager
Abdichtung
Dämmung
Stb Decke

Fußbodenaufbau
Belag
Estrich
TSD
Stb Decke

Fertigteil

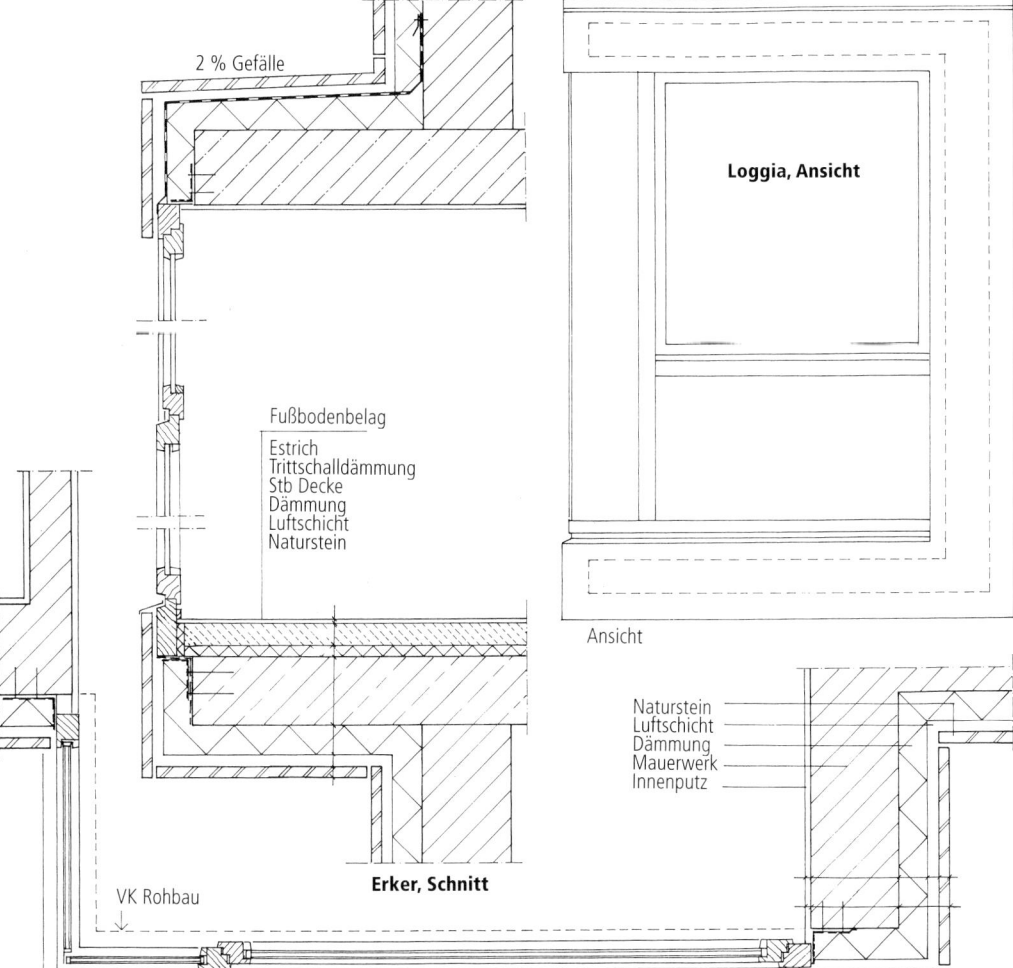

2 % Gefälle

Fußbodenbelag
Estrich
Trittschalldämmung
Stb Decke
Dämmung
Luftschicht
Naturstein

Loggia, Ansicht

Ansicht

Naturstein
Luftschicht
Dämmung
Mauerwerk
Innenputz

VK Rohbau

Erker, Schnitt

Erker, Grundriß

Bauherr: Hans-Dieter Müller,
Emil Dittmann GmbH & Co.
Hochtief AG Kassel, Fuldabrück
Architekt: Berthold H. Penkhues, Kassel
Projektmanager: Siegfried Wendker
Projektteam: Johannes Wettengel, Peter Becker,
Annika Saenger, Claudia Herrmann,
Kathrina Schneider
Statik: EHS Ingenieure, Lohfelden/Kassel
Natursteinberatung: Feicht, München
Wohnfläche: 569 m^2
Nutzfläche: 618 m^2
Fertigstellung: 1999
Standort: Sternstraße 14, Kassel-Unterneustadt

PUNKTHÄUSER

Solitäre in der Gruppe

Zwei Solitäre in Frankfurt am Main
Architekt: Christian Muschalek, Stuttgart/Straßburg

Der Solitär wird wieder salonfähig, Hochhäuser sprießen in Deutschlands Großstädten wie Pilze aus dem Boden – oder zumindest die Pläne dafür. Verschärfte Konkurrenz um den »Standort« und der Versuch, die verlorene Identität über machtvolle Symbolbauten wiederzuerlangen, mögen die Gründe sein. In Frankfurt ist der städtebauliche Solitär, oder, profaner, das Punkthaus, wahrlich kein Neuling. Mainhattan, die »Stadt der Türme«, Bankfurt, so lauten einige Spitznamen. Doch nicht nur die glitzernden Hochhäuser der City wären da zu nennen, auch am Mainufer gibt es Beispiele: westlich von Sachsenhausen stehen einige typische Wohnsilos der sechziger Jahre – und nun entstehen wenige Kilometer stromaufwärts, auf dem ehemaligen Schlachthofgelände, zwölf neue »Solitäre«. Allen gemeinsam scheint: Sie treten in Gruppen, sozusagen im Rudel, auf. Das ist städtebaulich sinnvoll – »einsame« Größe birgt bodenspekulative, stadtklimatische wie infrastrukturelle Nachteile und paßt vielleicht auch nicht so recht in eine Demokratie –, wirft aber auch Fragen nach Typus und Variation auf. Schließlich soll ein Gebäude heute eine Adresse bilden.

Dafür bieten die am Sachsenhäuser Ufer entstandenen bzw. noch entstehenden Solitäre ein ergiebiges Anschauungsobjekt. Allen gemeinsam sind die Vorgaben Grundfläche (20 x 20 m), acht Geschosse (davon ein Staffelgeschoß) und eine Baulinie: Wo bislang die Uferstraße vorbeiführte, verbindet jetzt eine Promenade die Neubebauung. Die vierspurige Straße wurde südlich um das Gebiet herumgeführt. Zwischen der neuen Trasse und den Solitären werden in den nächsten Jahren vier Superblöcke entstehen; eine Ellipse sowie ein achteckiger Turm mit Wohnungen und Geschäften bilden bereits das stadtseitige Entrée zum neuen »Deutschherrnviertel« – der Ruch des alten Schlachthofs wurde vollkommen getilgt. »Gehobenes Wohnen« also, in zig Varianten: Jeder der Solitäre folgt intern einem anderen Konzept.

Doch wenngleich der Freiraumbezug hier mit wenigen Ausnahmen ein nur visueller bleibt – das Umfeld der Gebäude ist pflegeleicht begrünt –, geriet das Wohnen nicht zu »gehoben«: Anders als beim zeitgleich fertiggestellten Eurotheum im Bankenviertel, wo noch in 100 m Höhe Appartments liegen, lebt man hier noch recht erdverbunden, im »Hochhäusle« sozusagen. Mit dem ersten und dem sechsten (dem derzeit letzten) in der Reihe greifen wir zwei Gebäude heraus, die typologisch wie rein äußerlich ganz unterschiedlich sind. Erstaunlicherweise hat sie derselbe Architekt für denselben Bauherrn geplant.

Der Solitär 1, der 24 Wohnungen sowie zwei Büros enthält, bricht als einziger die durch Bebauungsplan und die Gesetze serieller Konstruktion nahegelegte Symmetrie der Häuser wirklich auf, spielt fast bildhauerisch mit dem Kubus, kerbt Rücksprünge ein, fügt Aufbauten und leichte Raumgrenzen hinzu, variiert die Fensterformate. Das Material, ein hellroter, rauher Klinker, verstärkt diese skulpturale Wirkung noch. Der Architekt, dessen Entwurf auf der »Körper-Raum-Theorie« fußt, vermied damit das platte Aussehen eines Schrankes oder einer »Kaffeemühle«, an das – mit Verlaub – manche der Nachbarbauten erinnern. In den Grundrissen löst Muschalek sich sogar stellenweise vom rechten Winkel: So ist etwa der Treppenraum durch eine schräge Wand leicht geweitet, und die Büros im Sockelgeschoß erinnern gar an Scharounsche Organik.

Mit dieser differenzierten Gestik wird der Solitär der städtebaulichen Mittlerfunktion an dieser Stelle weit besser gerecht als die doch recht plumpen Großformen Oval und Achteck nebenan. Und der Wohnqualität im Inneren waren die Mutationen der Einheitsform gewiß zuträglich.

**Variationen über das Thema Großstadtwohnen:
fünf der Solitäre an der neuen Mainpromenade;
ganz rechts der hier vorgestellte Solitär 1**

Solitäre in Frankfurt am Main 21

Blick von Nordosten auf den Solitär 1 mit dem Hauseingang

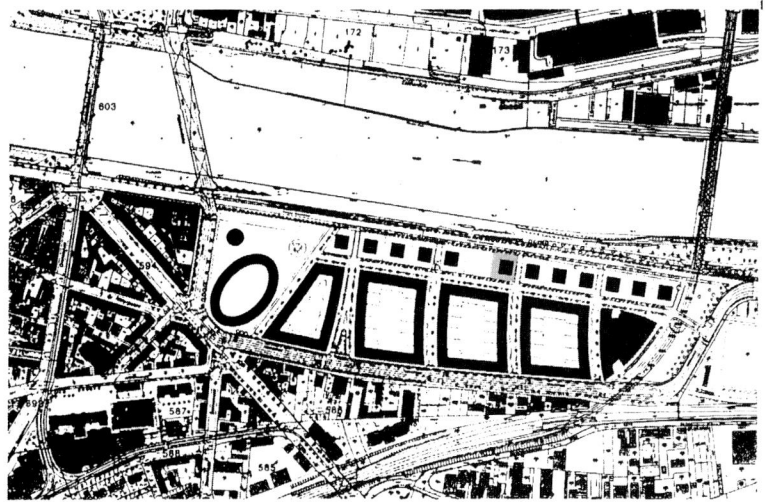

Lageplan des neuen Deutschherrnviertels

22 PUNKTHÄUSER   Grundrisse, M 1:250

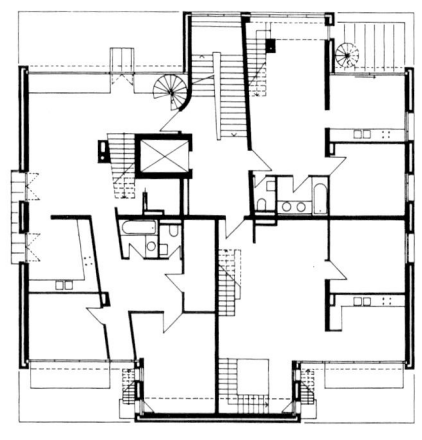

7. OG

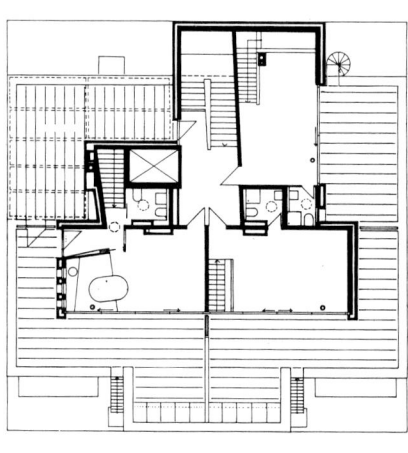

8. OG

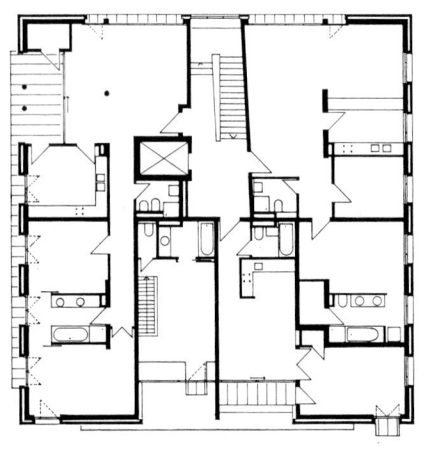

5. OG

6. OG

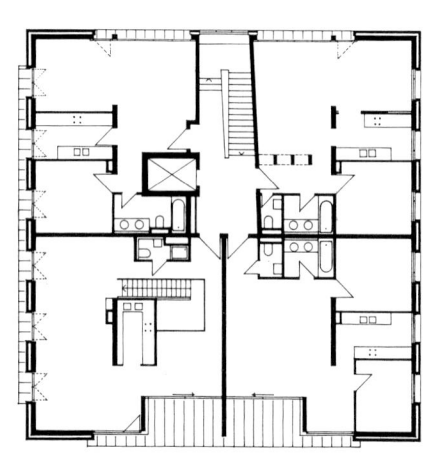

1. OG

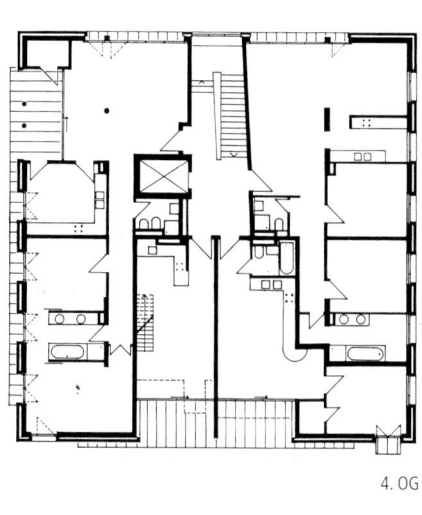

4. OG

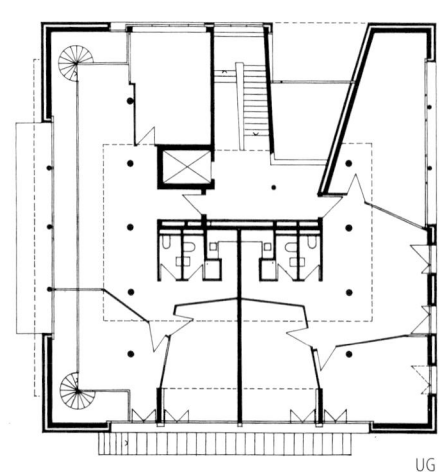

UG

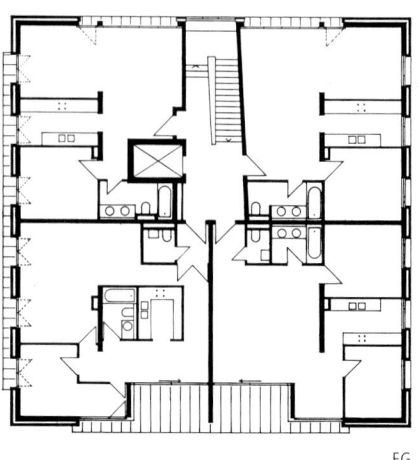

EG

Die Südfassade

Die zwei Gesichter des Solitär 6: die Lochfassade mit Sims und Sockel an den Seiten und die offenere, mehrschichtige Mainfront

Lageplan

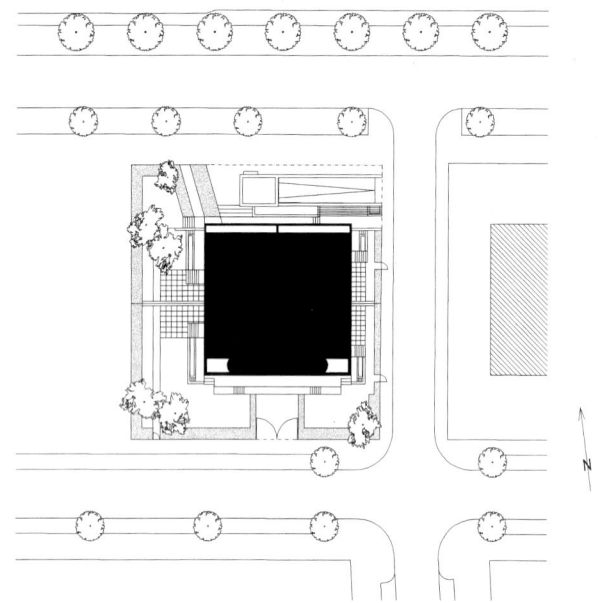

Das zweite Gebäude, das Muschalek entwarf, folgt einer ganz anderen Idee: Mehrere Häuser in einem Haus, Stadtmaisonetten sind es hier, die auch die Fassaden prägen. Der Umriß des Kubus blieb hier erhalten. Über einem deutlich abgesetzten Sockel mit einer Gartenmaisonette sind die Seiten traditionelle Lochfassaden, deren einheitliche, stehende Fensterformate (»französische« Fenstertüren) entsprechend der inneren Aufteilung zu Gruppen zusammengefaßt sind. Ein Fries aus kleinen Fenstern bildet als Pendant zum Sockel den Abschluß.

Gleich um die Ecke geht es wieder »modern« zu: Die Fassade zum Fluß ist in ein Betonskelett aufgelöst und großzügig verglast. Wie auf der Südseite tummeln sich hier die Bewohner auf Balkonen und Loggien. Der warme Gelbton der Flanken tut ein übriges, um diesem Haus eine mediterrane Ausstrahlung zu geben.

Falls die derzeitige Vorliebe für das Prinzip »höher als breit« im Städtebau anhält, lohnt sich für Interessenten gewiß ein Blick auf die hier gezeigten Hochhäusle – die baurechtlich noch gar keine sind.

Das Ensemble der Solitäre, vom gegenüberliegenden Großmarkt aus gesehen; links der hier vorgestellte Solitär 6

PUNKTHÄUSER

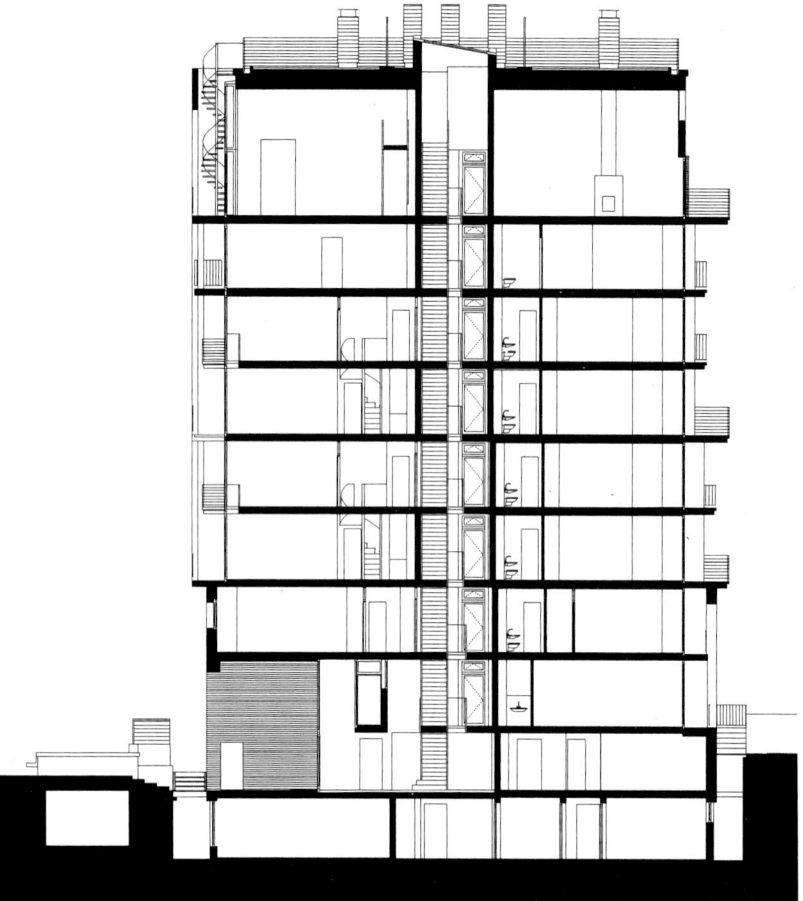

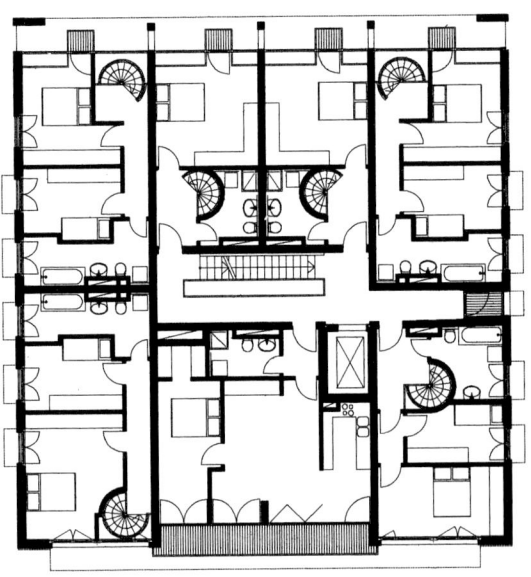

Grundrisse zweier Obergeschosse und Schnitt, M 1: 200

Eckdetail Sockel

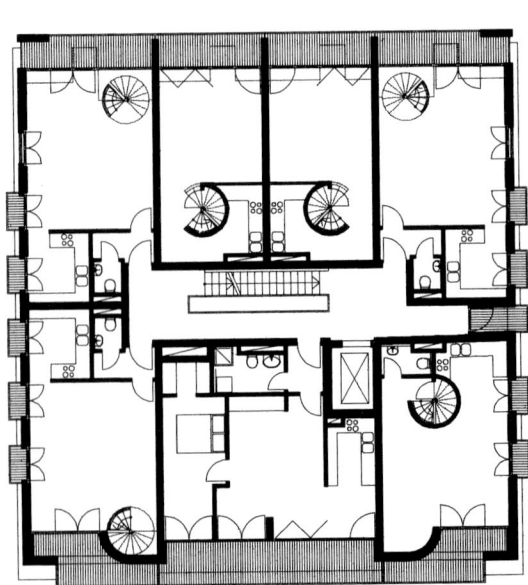

Solitäre in Frankfurt am Main

Die Südfassade; im Hintergrund die Bauten des Großmarktes auf der anderen Mainseite

Ausschnitt der Westfassade

Solitär 1
Bauherr: Jocks Bock Development GmbH & Co,
Frankfurt Deutschherrnviertel KG
Architekt: Wettbewerb 1991: Christian Muschalek
mit Jörg Pampe, Stuttgart/Berlin,
Ausführungsplanung: Christian Muschalek,
Stuttgart, Mitarbeit: Nadja Henrique
Tragwerksplanung: Wilhelm + Wulle, Stuttgart
Fertigstellung: 1998

Solitär 6
Bauherr: Jocks Bock Development GmbH & Co,
Frankfurt Deutschherrnviertel KG
Architekt: Christian Muschalek, Stuttgart/
Straßburg, Mitarbeit: Thierry Metz
Tragwerksplanung: Wilhelm + Wulle, Stuttgart
Fertigstellung: 1999
Standort: Frankfurt-Sachsenhausen,
Deutschherrnviertel

Kleine Stadt am Fluß

Wohnanlage in Ingolstadt
Architektinnen: Mang und Zellner, Ingolstadt

Zwischen der Regensburger Straße und den Donauauen entstanden im Rahmen der Nachverdichtung einer Hoffläche zwei Wohnzeilen mit insgesamt 30 geförderten Mietwohnungen (eine dritte Zeile ist derzeit im Bau). Die Stellung der Baukörper führt die benachbarte Siedlungsstruktur fort und öffnet den zuvor geschlossenen Hof in Richtung Fluß.

Zugleich nimmt die neue Bebauung jedoch die Biegung der Uferstraße in einer Mauer auf, in welche die Zeilenenden eingefügt sind. Durch Öffnungen in der Mauer erreicht man Wohnwege auf der Ostseite der Zeilen, die in den kleinen Park auf der neuen Tiefgarage im nördlichen Teil des Hofes münden. An diesen, von schmalen Vorgärten und Abstellräumen gesäumten Gassen liegen die Hauseingänge.

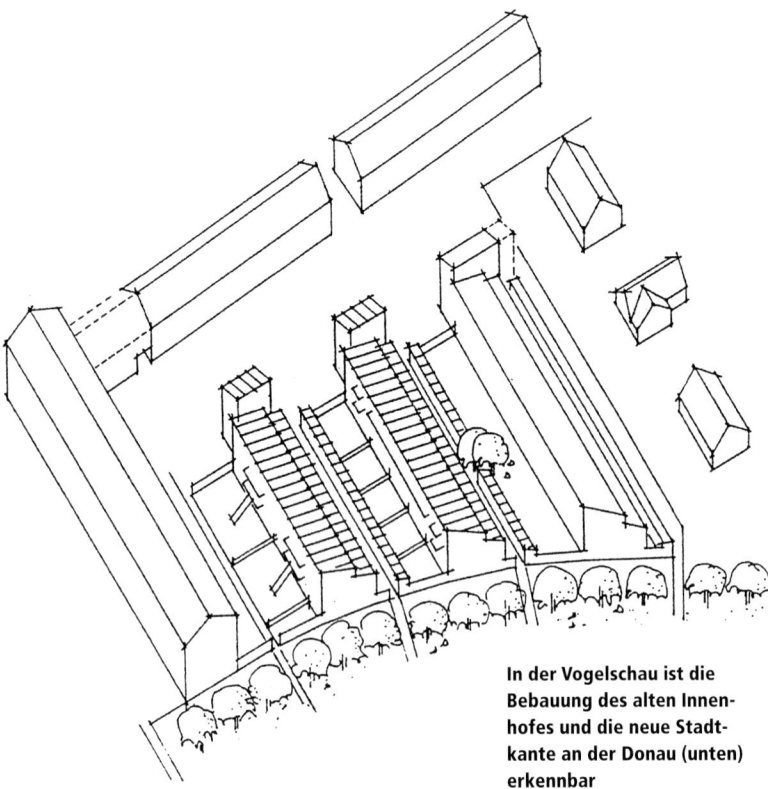

In der Vogelschau ist die Bebauung des alten Innenhofes und die neue Stadtkante an der Donau (unten) erkennbar

Blick in die Gasse zwischen den Zeilen

Die Wohnungen in den zweieinhalbgeschossigen Zeilen sind allesamt Ost-West-orientiert, variieren aber in Größe und interner Erschließung. In der westlichen Zeile werden Ober- und Dachgeschoß über platzsparende »Himmelsleitern« erschlossen, die in Gartentreppen auf der privateren Westseite ihre Fortsetzung finden. Die Aufgänge sind mit den ebenerdigen Wohnungseingängen in verglasten Windfängen zusammengefaßt.

Nur an den Enden liegen hier Maisonette-Wohnungen mit separatem Eingang: Die Treppe zur Tiefgarage markiert ein kubischer Kopfbau, der die Pultdachzeile mit einer luftigen Dachterrasse überragt; Richtung Donau schiebt sich ein Erker keck aus der »Stadtmauer« – er birgt ein Bad und erinnert entfernt an die Aborte alter Burgen...

Auch in der östlichen Zeile gibt es im Erdgeschoß große barrierefreie Wohnungen, das Obergeschoß und ein Teil des Dachgeschosses werden über zwei zweiläufige Treppenhäuser erschlossen, die in einen verglasten Laubengang im Obergeschoß münden. An diesem schmalen, doch durch die Neigung seiner Fensterfront aufgeweiteten Gang liegen sechs Zweizimmer-Maisonetten. Während den Wohnungen zu ebener Erde jeweils ein kleiner privater Garten zugeordnet ist, verfügen alle Obergeschoßwohnungen über einen Balkon.

Die 10,80 m tiefen, in drei Zonen gegliederten Wohnungen bestehen aus der Kombination von nur wenigen, standardisierten Räumen und davorgehängten »Zutaten«. Dieses Konzept beruht auf einer kompakten, seriellen Konstruktion aus betonierten Schotten (im Abstand von 3,60 m) und Decken, welche gemeinsam – im Vokabular der Architektinnen – das »Skelett« bilden. Die Fassaden respektive das »Kleid« der Häuser besteht aus einer platzsparenden, in Tafelelementen vorgefertigten Leichtbaukonstruktion, mit Gipskartonplatten als »Dessous«, Wärmedämmung als »Pullover« und großformatigen grauen Faserzementplatten als Wetterschutz bzw. »Mantel«. Die »Kopfbedeckung« bildet ein konventioneller Holzdachstuhl mit Alu-Falzdeckung.

Sogar »mit den Augen zwinkern« können die Häuser: In die Leichtbauwand wurden rote Schiebeläden integriert, die vollständig hinter dem grauen »Mantel« verschwinden können – eine originelle Alternative zu den üblichen, häßlichen Rolläden!

Als fröhliche Farbkleckse korrespondieren die Läden mit weiteren, sparsam ins vorherrschende Grau gesetzten Akzenten an den Windfängen (rot), den Treppenhäusern (gelb), den Balkonbrüstungen (gelb), den Schuppen (gelb) – und den Gärten und Fenstern. Generell sollten beanspruchte Oberflächen wie die Fassadenplatten und die Fußböden im halböffentlichen Bereich roh belassen bleiben, um den Pflegeaufwand gering zu halten. Die Fassaden entfalten so auch eine gestalterisch angenehme Ruhe und Einfachheit – andernorts wird es einem da leicht »zu bunt«.

Die Ausstattung im Inneren ist indes gar nicht so karg: So sind die Bäder zwar standardisiert, doch gefliest, Fenster und Türen sind aus Holz, die leichten Verbindungstreppen aus Stahl...

Dem Erfindungsreichtum und der Beharrlichkeit der Architektinnen ist es zu verdanken, daß die im Sozialen Wohnungsbau übliche Sparsamkeit nicht in ein gebautes »Korsett«, sondern zu einem vielfältigen, heiter »atmenden« Ensemble führte.

Wohnanlage in Ingolstadt

Stadt-Rand: Das kleine Wohnquartier grenzt sich klar von der Uterstraße ab

Blick auf die Kopfbauten von der neuen Grünfläche

Hinter der Mauer: Schuppen und Mietergärten

Der Wohnweg

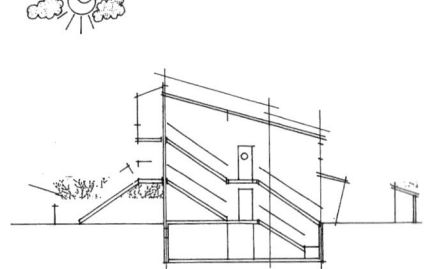

Wohnen zwischen drinnen und draußen: Auf der Westseite der Westzeile haben die Bewohner im Obergeschoß neben dem Balkon einen direkten Zugang ins Freie; Schuppen schützen die Terrassen der Erdgeschoßwohnungen vor Einblicken

Schnitt durch die platzsparende Himmelsleiter der Westzeile, M 1: 500

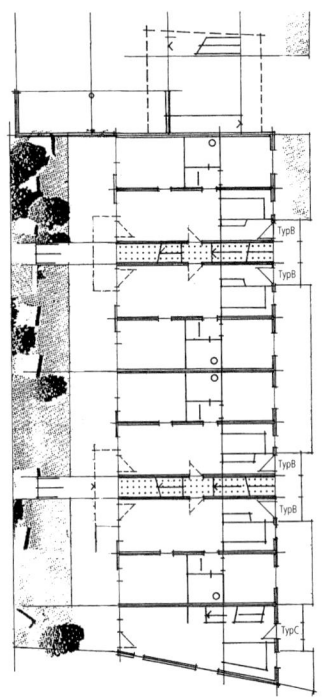

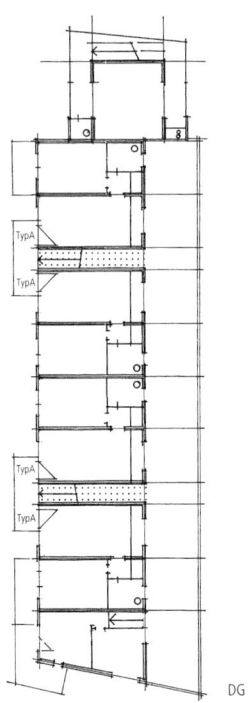

Grundrisse der Westzeile, M 1: 500

**Mehr als ein Windfang: der wohnliche
Vorraum der Wohnungen der Westzeile**

Die Vorräume am Wohnweg

32 ZEILEN

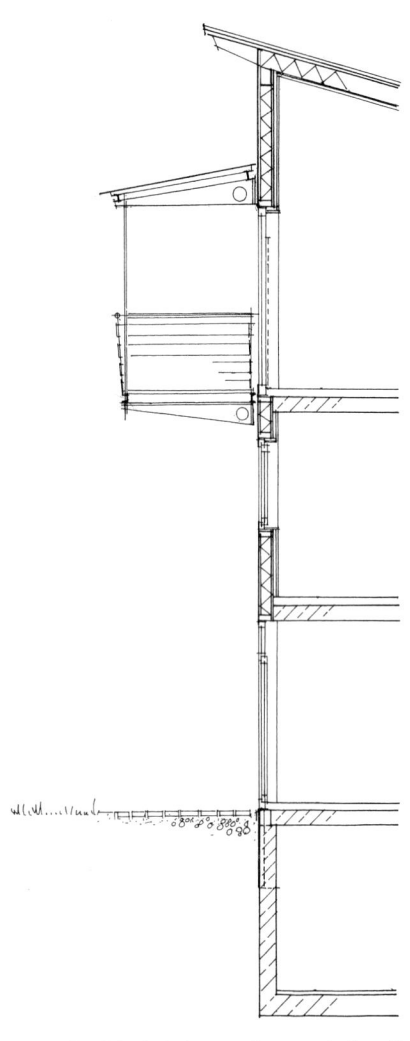

Der verglaste Laubengang auf der Ostseite der Ostzeile

Alle nicht beheizten Anbauten sind an die kompakten Pultdachhäuser angehängt – hier die Balkone

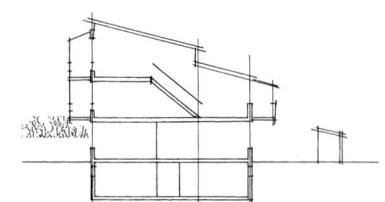

Schnitt durch die östliche Zeile mit dem Laubengang und der internen Treppe in den Maisonetten

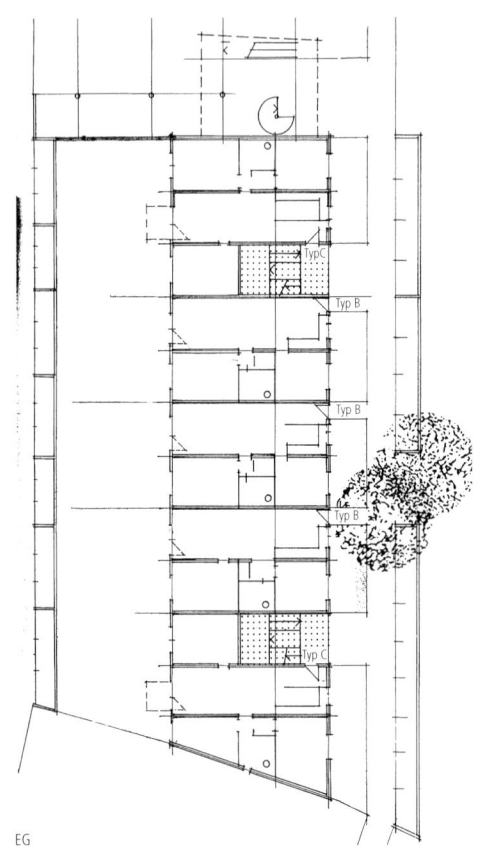

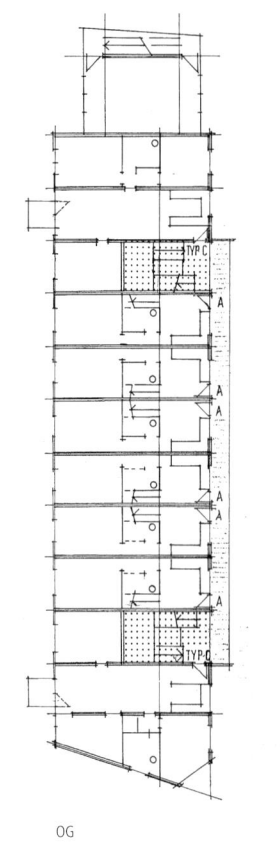

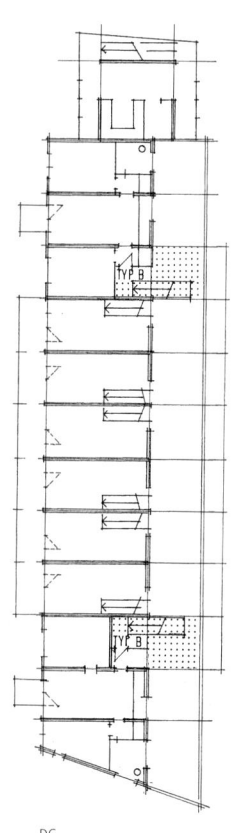

EG | OG | DG

Grundrisse der Ostzeile, M 1: 500

Kreuzung von Treppenhaus und Laubengang im ersten Obergeschoß

Der Laubengang dient zugleich zum Schutz der Eingänge im Erdgeschoß

Bauherr: Gemeinnützige Wohnungsbaugesellschaft Ingolstadt
Architekten: Marianne Mang, Frida Zellner, Ingolstadt
Mitarbeit Ausschreibung, Bauleitung: Michaela Messmer, Jörg Franke;
Landschaftsplanung mit Ostap Ogrodnik
Baukosten: 2 100 DM/m²
geladener Wettbewerb: 1995
Fertigstellung: 1999
Standort: Gerhart-Hauptmann-Straße 7 und 9, Ingolstadt

Garten-Häuser

Wohnanlage in Regensburg
Architekten: Fink + Jocher, München

Ein Hof im Hof: Die zwei Gebäude sitzen inmitten der Adolf-Damaschke-Siedlung im Süden Regensburgs. Die heute denkmalgeschützte Siedlung war die erste stadteigene Wohnanlage in der Oberpfalz. Wie große Schuppen wurden die sechzehn Kleinwohnungen (zwölf Zweizimmer- und vier Einzimmer-Appartements) enthaltenden Gebäude am zentralen Weg der Siedlung plaziert. Sie teilen die bisherige Grünfläche etwa mittig und lassen links und rechts zwei annähernd quadratische Höfe entstehen. Die teilweise Aufständerung der Neubauten läßt den Blick vom Weg weiterhin in die Gärten schweifen, wo die meisten alten Bäume erhalten blieben.

Das Projekt war Teil des Programms »Mietwohnungen in Holzsystembauweise« der Obersten Baubehörde Bayerns und hatte daher eine strikte Kostenobergrenze einzuhalten: 1 800 DM durfte ein Quadratmeter Wohnfläche kosten. Wie schon in früheren Projekten der Architekten gelang so ein klarer, solide detaillierter Holzbau von hohem Wohnwert: Die Holzrahmenkonstruktion basiert auf einem Raster von 62,5 cm, die weitgehend vorgefertigten Elemente enthalten Stützen von 6/12 und 6/8 cm. Der im Geschoßwohnungsbau kritische Schallschutz wird u. a. durch eine neuartige Deckenkonstruktion erreicht: Auf eine Holzrahmendecke wurde eine Lage Beton geschüttet, wobei die Sperrholzschalung zugleich als fertige Deckenuntersicht dient (verlorene Schalung). Die Holzbalken und die Bewehrung der Betondecke wurden über Bolzen verbunden, so daß die Geschoßdecke nun ein monolithisches Tragverhalten aufweist. Auf die Betondecke wurde ein schwimmender Estrich aufgebracht. Diese Konstruktion bietet einen hervorragenden Schutz insbesondere bei Körperschall, der sich sonst im Holzbau nur schwer dämpfen läßt.

Das halboffene Erdgeschoß mit seinen einladenden Verkehrs- und Gemeinschaftsbereichen ist als Raum zwischen drinnen und draußen vielfältig nutzbar.

Versteckt im Block liegt ein großer Garten - und zwei in Maßstab und Material angemessene Zeilenbauten

Zwischen den zwei Häusern ist Platz nicht nur
für Autos: In den halboffenen Sockelzonen sind
außerdem Gemeinschaftsräume untergebracht

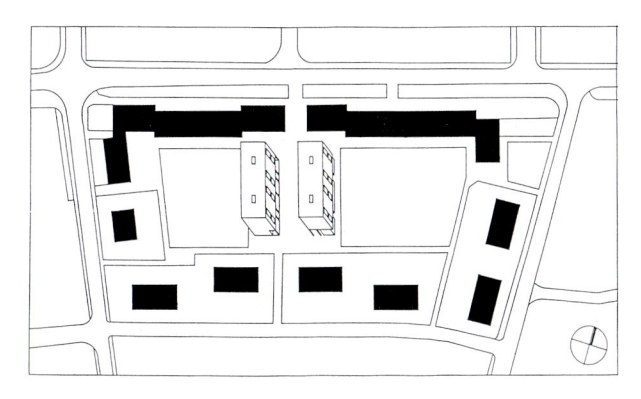

Lageplan von Alt und Neu

Die ruhige Gartenseite

**Durch die Aufständerung entsteht
ein vielfältig nutzbarer Vorbereich**

38 ZEILEN

Grundrisse und Schnitt, M 1: 200

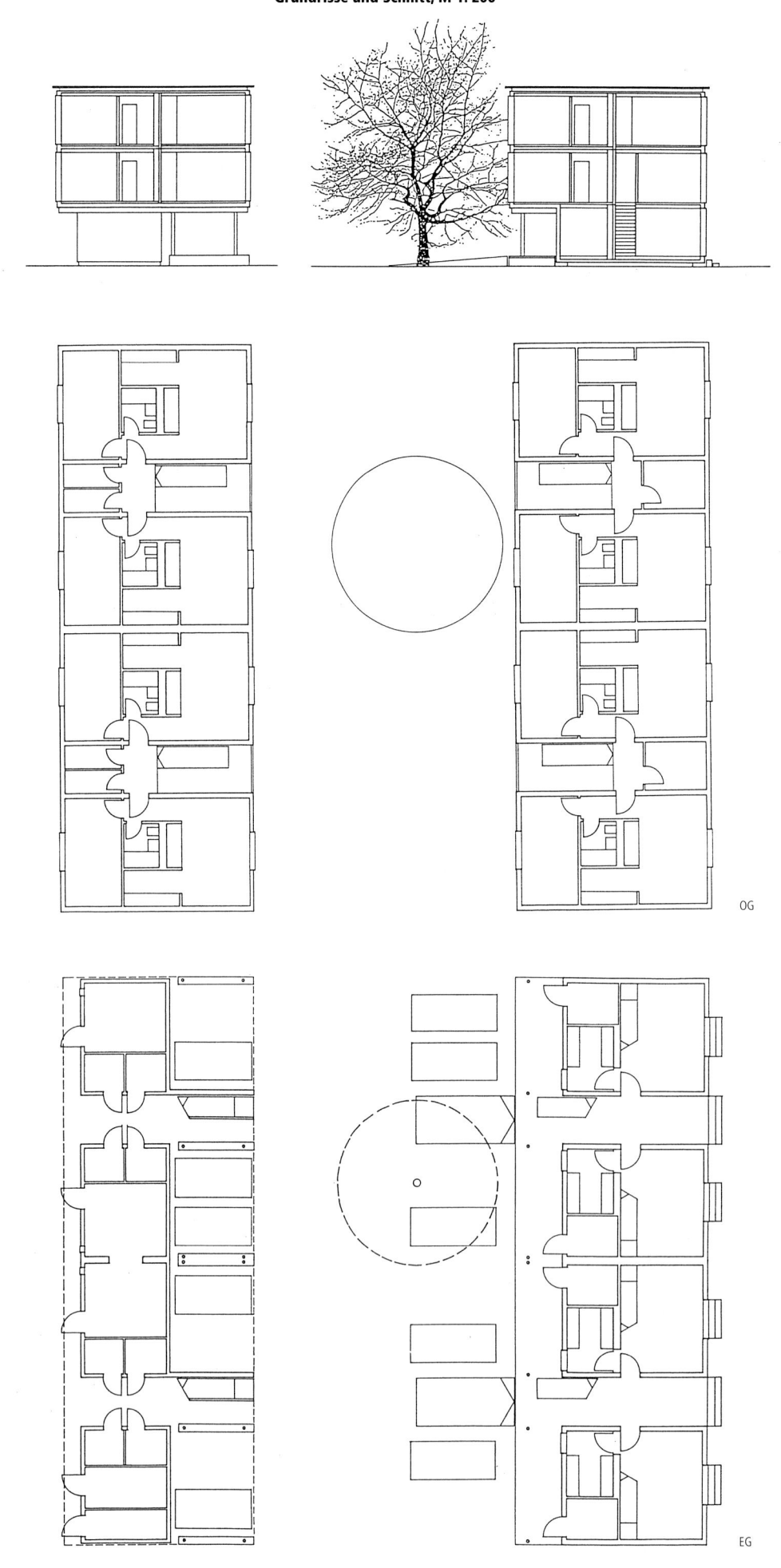

OG

EG

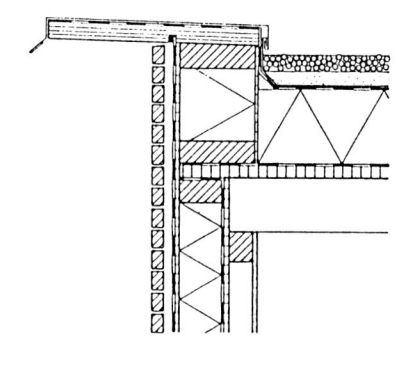

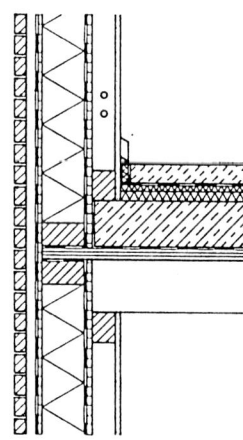

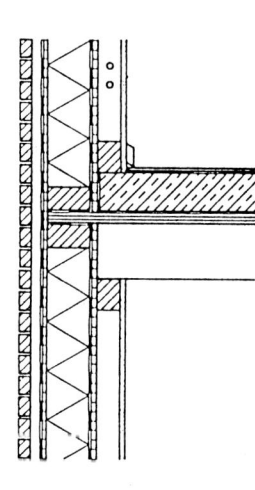

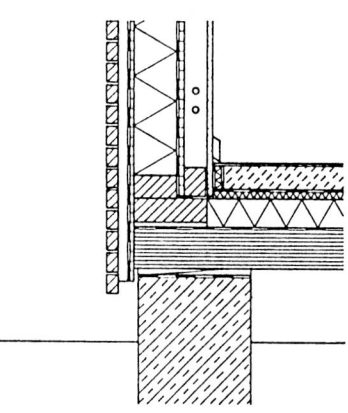

Wohnanlage in Regensburg

Dachaufbau:

Vegetationsschicht	50 mm
Filterflies	2 mm
Dränschicht	40 mm
Abdichtung, Kunststoffbahn	2 mm
Wärmedämmung, Mineralfaser	200 mm
Dampfbremse, PE-Folie	0,4 mm
Sperrholzplatte Seekiefer	25 mm
Deckenbalken, BSH 80/140 mm	140 mm
	459,4 mm

Außenwand:

Lärchenleistenschalung 50/30 mm	30 mm
Lattung 45/24 mm	24 mm
Windpapier	
Spanplatte	8 mm
Wandstiel 60/120 mm	120 mm
Wärmedämmung, Mineralfaser 120 mm	
Dampfbremse, PE-Folie	0,2 mm
Spanplatte	13 mm
Holzstiel 80/60 mm	60 mm
Gipskartonplatte	15 mm
	270,2 mm

Wohnungstrenndecke:

Bodenbelag, Teppichboden	10 mm
Zementestrich	50 mm
Trennlage, PE-Folie	0,2 mm
Trittschalldämmung, Mineralfaser 20/15	15 mm
Wärmedämmung, Polystyrol	25 mm
Stahlbeton in Ortbauweise	120 mm
Trennlage, PE-Folie	0,2 mm
Sperrholzplatte, Seekiefer	25 mm
Deckenbalken, BSH 80/140 mm	140 mm
	385,4 mm

Wohnungsinterne Trenndecke:

Bodenbelag, Teppichboden	10 mm
Stahlbeton in Ortbauweise	100 mm
Oberseitiger Glattstrich	
Trennlage, PE-Folie	0,2 mm
Sperrholzplatte, Seekiefer	25 mm
Deckenbalken, BSH 80/140 mm	140 mm
	275,2 mm

Decke über Erdreich:

Bodenbelag, Linoleum	2 mm
Zementestrich	60 mm
Trennlage, PE-Folie	0,2 mm
Trittschalldämmung, Mineralfaser 20/15	15 mm
Wärmedämmung, Polystyrol	
Schutzfolie, dampfdiffusionsoffen	
Brettschichtholzdecke auf	
Stahlbeton-Streifenfundament	100 mm
	247,2 mm

Fassadenschnitt, M 1: 20

Bauherr: Stadtbau GmbH, Regensburg
Architekten: Fink + Jocher, München,
Dietrich Fink und Thomas Jocher;
Projektleitung: Sabine Staudigel
Landschaftsplanung:
Uta Stock-Gruber, Buch am Erlbach
Generalunternehmer: O Lux Holzverarbeitung, Roth
Fertigstellung: 1996
Standort: Prinz-Rupprecht-Straße, Regensburg

Durch ihre versetzte Stellung und die ruhige Gliederung fügen sie sich in die kleinteilige Siedlungsstruktur ein

Ensemble im Dorf

Wohnanlage in Mäder (Vorarlberg)
Architekten: Baumschlager + Eberle, Lochau

Die kleine Ortschaft Mäder, nahe an der Schweizer Grenze in Vorarlberg gelegen, wurde Mitte der neunziger Jahre durch den Neubau ihres Gemeindesaals in Architektenkreisen überregional bekannt. Ihn hatten die Architekten Carlo Baumschlager und Dietmar Eberle als leuchtend roten »Schiffsrumpf« entworfen. Auch der Schulhausbau daneben stammt aus diesem Büro, und als im alten Ortskern ein Grundstück mit Wohnungen zu bebauen war, trat man ebenfalls an die bewährten Planer heran. Fragt man heute im Ort nach den Architekten der Neubebauung, wissen die Leute selbstverständlich Bescheid. Auch darin kommt die hochentwickelte Baukultur in Vorarlberg zum Ausdruck.

Das in einer Biegung der Dorfstraße situierte Gelände und die kleinteilig-traditionelle Nachbarbebauung legten eine Teilung des Bauvolumens nahe. Allzu oft stört neuer Geschoßwohnungsbau wegen seiner größeren Ausmaße (Deckenhöhen, Fenstergröße, Bautiefe) die Maßstäblichkeit gewachsener Dorflagen ganz erheblich. Dies wurde hier vermieden, indem zwei identische, dreigeschossige Baukörper gegeneinander versetzt plaziert wurden. So folgt ihre Richtung der Bewegung der Straße, es entsteht kein Bruch in der lockeren Abfolge der Häuser.

Die Gliederung der Neubauten ist indes eindeutig zeitgenössisch: Serielle Muster prägen die Fassaden, eine erste, durchlässige Schicht aus ringsumlaufenden Balkonen mit ihren aus verzinkten Stäben bestehenden Brüstungen und die eigentliche Fassade mit ihren einheitlichen, rhythmisch wiederkehrenden, senkrechten Fensterformaten. Leuchtend rot wie am Gemeindesaal ist die schuppige Verkleidung, die in feinem Kontrast zum Weiß der Rahmen und zur Untersicht des leichten Pultdaches steht. Ganz besonders spannend ist jedoch die ungewöhnlich enge Stellung der zwei Baukörper zueinander. Derlei findet man im von Abstandsregeln durchwirkten Wohnungsbau sonst nicht mehr. So ergeben sich reizvolle Durchblicke auf die Umgebung – und Begegnungen von Balkon zu Balkon. Der blitzende Kamin der Heizzentrale bildet dazwischen einen vertikalen Akzent. Interessanterweise ist die umlaufende, nach außen gewendete Galerie (Balkon ist eigentlich nicht das richtige Wort für diesen schmalen Streifen) durch Verschwenkung gegenüber dem Gebäude unterschiedlich schmal.

Die Grundrisse beider Häuser sind auf allen drei Ebenen identisch, je ein größeres und ein kleineres Appartement grenzen an das schmale, offene Treppenhaus. Ein Carport, der sich aus dem Sockel des vorderen Gebäudes herausentwickelt, definiert die Grenze des Ensembles nach Norden.

Die zwei Häuser liegen mitten im Ort an der Hauptstraße

Lageplan

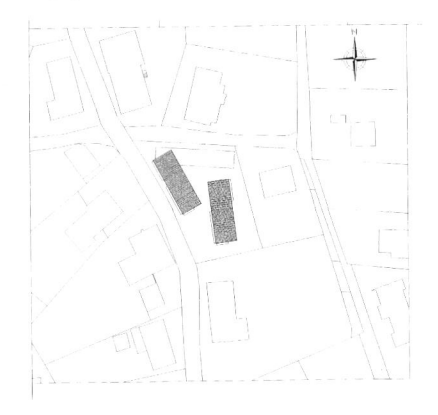

Querschnitt, M 1: 200

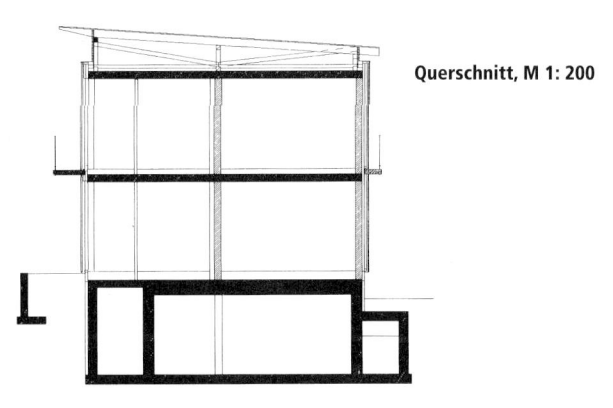

Blick aus dem offenen Treppenhaus

Wohnanlage in Mäder (Vorarlberg)   **43**

Grundrisse, M 1: 200

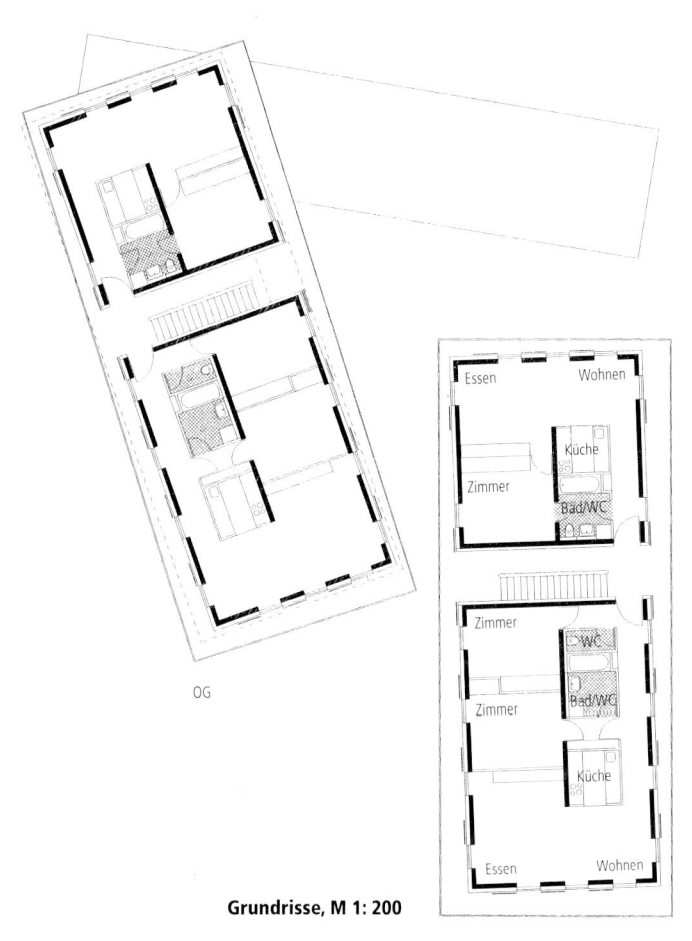

Bauherr: Alpenländische Heimstätte
Architekten: Baumschlager + Eberle, Lochau
Mitarbeit: Rainer Huchler
Statik: Ernst Mader, Bregenz
Wohnungszahl: 11
Nutzfläche: 571 m2
Baukosten: 8,3 Mio ÖSch
Fertigstellung: 1995
Standort: Rheinstraße, Mäder

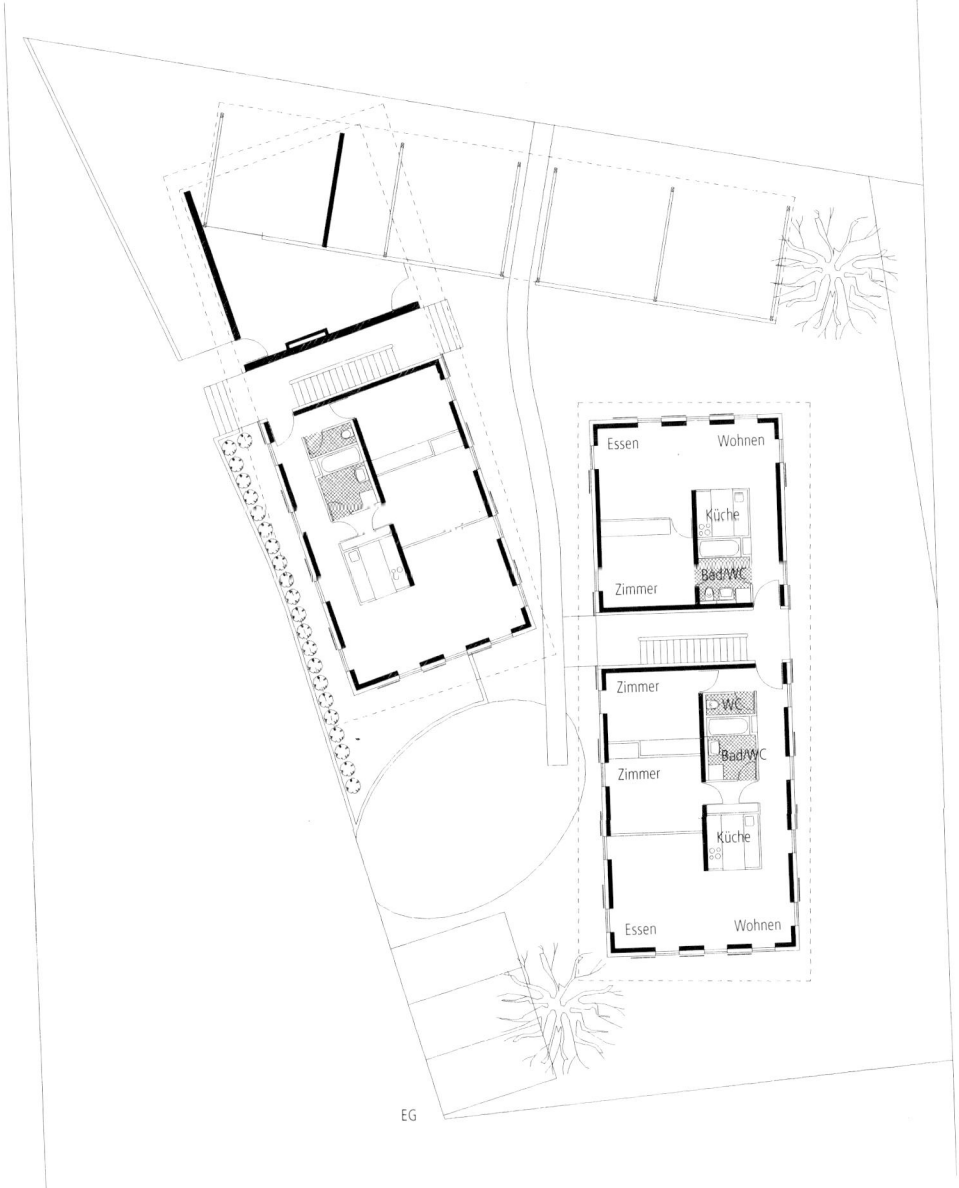

Der Platz zwischen den Häusern und dem Carport

Geschoßbau aus Holz

Wohnanlage in München-Altperlach
Architekt: Herbert Meyer-Sternberg, München

Holzbauweisen sind im Geschoßwohnungsbau hierzulande aus Gründen des Schall- und des Brandschutzes nicht üblich, die bayerische Landesbauordnung erlaubt sie beispielsweise nur bis zu drei Geschossen. In den USA, wo traditionell überwiegend mit Holz gebaut wird, kennt man diese Vorbehalte nicht: Dort gewährleisten u. a. Sprinkleranlagen die Sicherheit auch höherer Gebäude aus Holz.

Im Rahmen ihrer Holzbau-Versuchsprojekte erlaubte die Oberste Baubehörde nun auch ausnahmsweise ein viergeschossiges Wohnhaus in Holzrahmenbauweise, bei der im Werk vorgefertigte, großformatige Wand- und Deckentafeln auf einer Bodenplatte montiert werden.

Das Gebäude wurde in München konzipiert, jedoch nach US-Standards detailliert, bemessen und genehmigt, eine Sprinkleranlage sowie ein zweiter Fluchtweg kompensieren die Überschreitung der hier zulässigen Geschoßzahl. Ursprünglich sollte das gesamte Haus auch in den USA vorgefertigt werden, doch nahm man davon aus Kostengründen Abstand: Der größte Teil der Holzkonstruktion sowie die Verkleidung der Fassaden bestehen aus heimischen Hölzern, die Fenster aber sind erkennbar Produkte aus Amerika.

Anders als in den USA üblich wurde die Fassade hinterlüftet ausgeführt und eine innenseitige Dampfbremse aufgebracht, um eine mechanische Dauerlüftung zu umgehen. Der erforderliche Schallschutz der Decken aus Sperrholzplatten auf Doppel-T-Trägern wird mittels eines schwimmenden Estrichs und federgelagerter Gipskartonplatten auf der Unterseite erreicht.

Auch außer diesen Details und dem ungewohnten Maßsystem haben das

Rationell, aber differenziert: die ruhige Westseite des zweiten Bauabschnitts

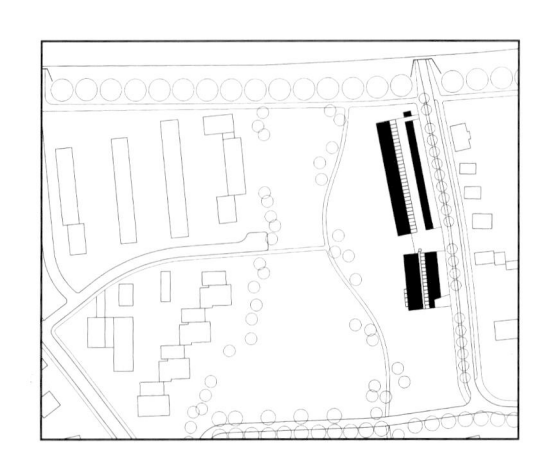

Lageplan

Wohnanlage in München-Altperlach 45

**Mehr als eine Erschließungszone: der gedeckte Vorhof
im ersten Bauabschnitt**

leuchtend blaue Gebäude und sein inzwischen fertiggestellter tiefroter Nachbarbau einige beachtliche Eigenschaften vorzuweisen: Beide sind Laubenganghäuser, ein in Deutschland lange verpönter Erschließungstyp, der neuerdings wegen seiner Wirtschaftlichkeit wieder geschätzt wird. Die relativ kleinmaßstäbliche, durch Versätze und schützende Vorbauten räumlich differenzierte Planung zeigt diesen Typ von seiner besten Seite.

Wie so häufig beweist der Wohnungsbau hier seine Qualitäten besonders im Querschnitt: im blauen Gebäude sind die Laubengänge in den Baukörper auf der Ostseite eingezogen, also geschützt, als Pendant gibt es eine große Loggia auf der Westseite – das leichte Pultdach kragt hier aus, eine Reihe Stahlstützen rhythmisiert diesen reizvollen Freisitz. Die Wohnungen darunter, überwiegend Maisonetten (elf von 17 Wohnungen), haben stattdessen einen kleinen Garten, die drei Einzimmerwohnungen im ersten Obergeschoß zumindest einen Balkon. Da beide Gebäude nicht unterkellert sind, gibt es je einen vorgelagerten flachen Trakt mit Schuppen, der die Anlage gegen die Straße abschirmt und einen hellen Hof formt. Dort finden sich inzwischen – wie auf den Laubengängen und Balkonen – zahlreiche Spuren einer funktionierenden Hausgemeinschaft.

Im Inneren sind die Wohnungen trotz der nicht sehr tiefen Grundrisse in drei Zonen gegliedert, Küchen und Eßplätze liegen an den Laubengängen, die Bäder innen.

Der rote Riegel ist in der Erschließung weniger kleinräumig gegliedert, hier zieht sich der Laubengang, an dem fast ausschließlich kleine Wohnungen liegen, über siebzig Meter hin – nur an den zwei Treppenabsätzen weitet er sich zu kleinen »Plätzen«. In den zwei Ebenen darunter liegen einheitliche Mini-Maisonetten, die direkt von der Gasse im Schutze der breiten Dachkrempe zugänglich sind.

Die zwei Häuser mit den offenen, freundlichen Fassaden, das eine kurz und hoch, das andere lang und etwas niedriger, prägen sich ein. Vom eigentlichen Anlaß des Forschungsprojektes einmal abgesehen – solche kommunikationsfördernden Konstruktionen bringen den »sozialen« Wohnungsbau bestimmt voran.

Der im Profil stark gegliederte erste Bauabschnitt

Straßenansicht des zweiten Bauabschnitts

Die Laubengänge der zwei Gebäude

Die Rückseiten der zwei Gebäude im Zusammenhang

Ecke und Laubengang am zweiten Bauabschnitt

48 ZEILEN

2. OG

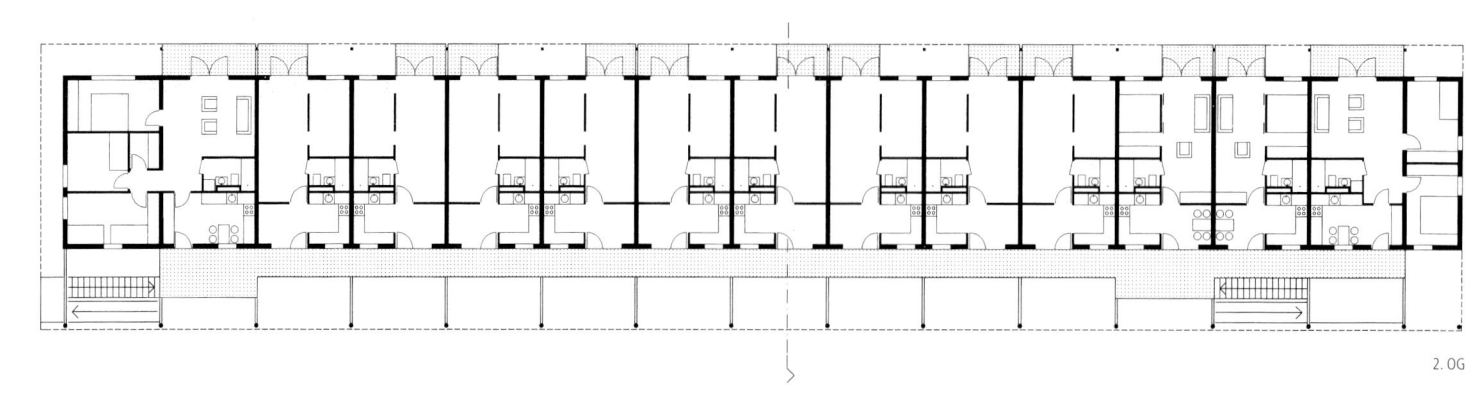

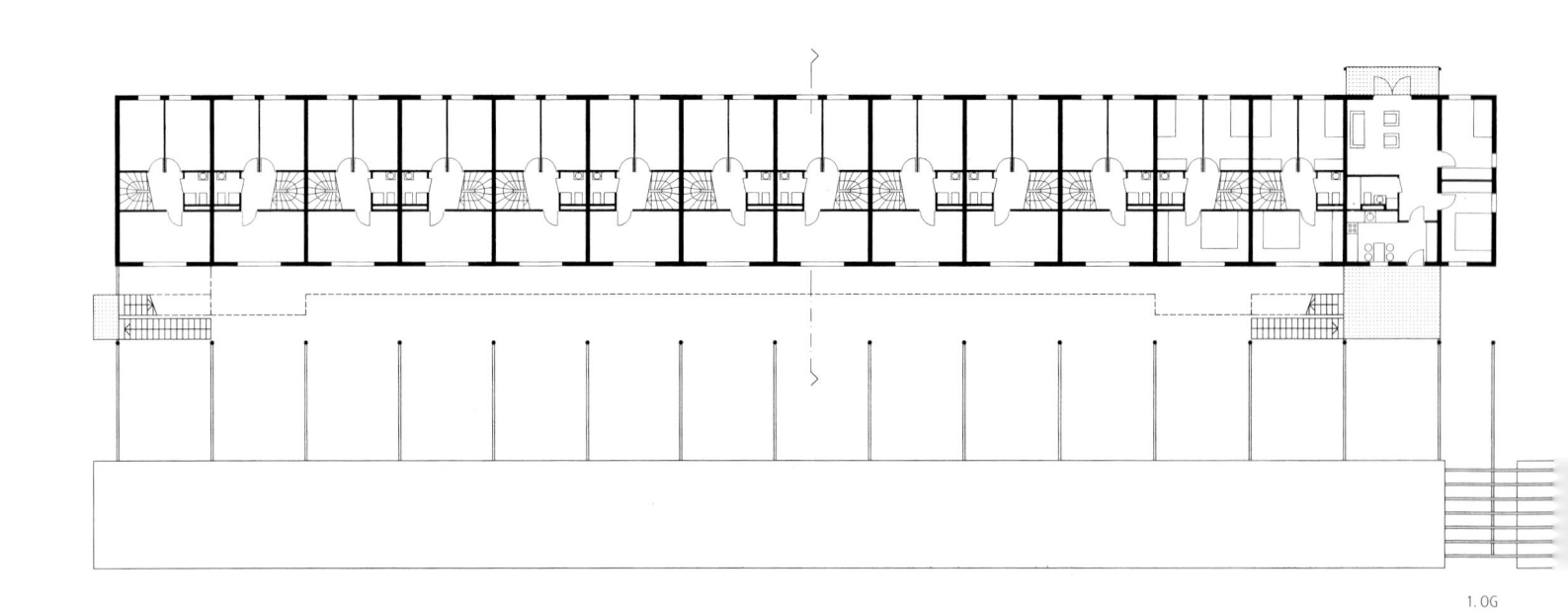

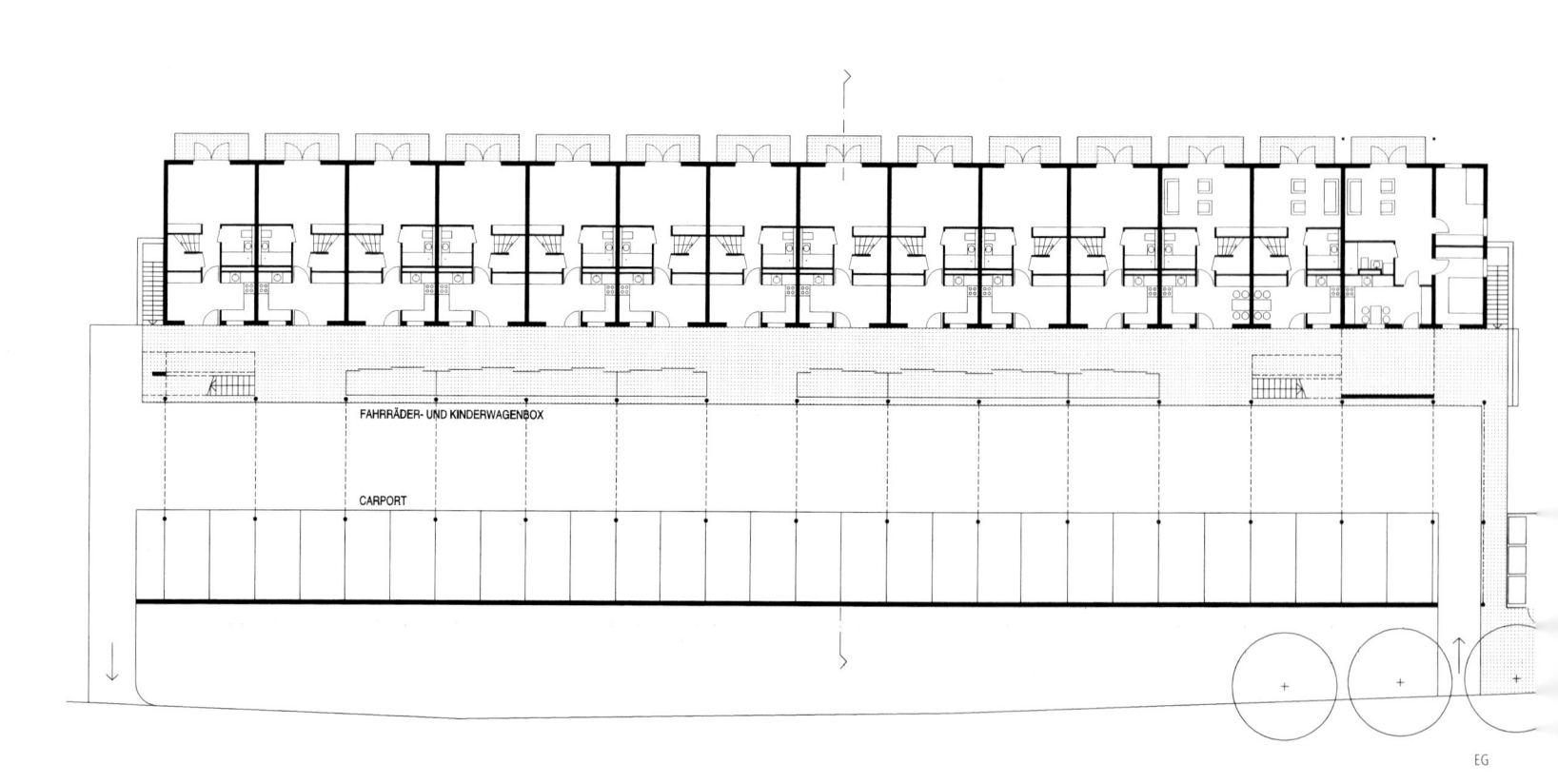

1. OG

FAHRRÄDER- UND KINDERWAGENBOX

CARPORT

EG

Grundrisse des langen Hauses, M 1: 400

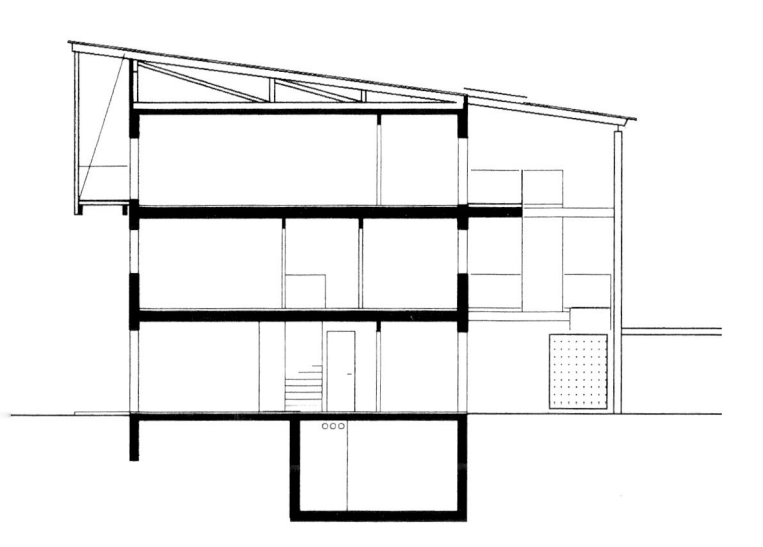

Wohnanlage in München-Altperlach 49

Schnitt des langen Hauses, M 1: 300

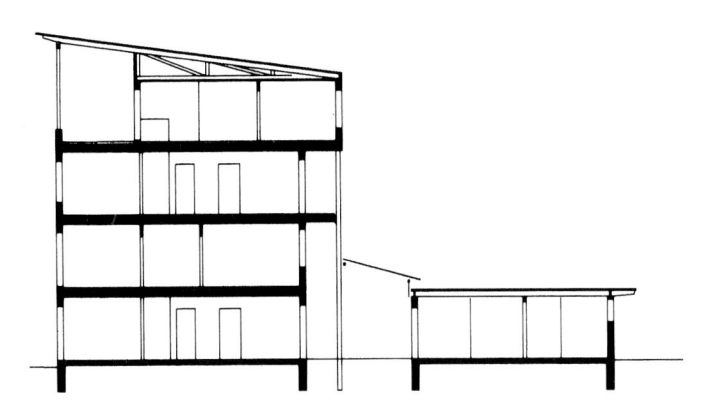

Schnitt des kurzen Hauses, M 1: 300

Bauherr: GWG-Gemeinnützige Wohnstätten- und Siedlungsgesellschaft, München
Architekt: Herbert Meyer-Sternberg, München
Mitarbeit: Bettina Mühlhoff
Tragwerksplanung 1. Bauabschnitt:
CTS Engineers, Seattle (USA) / 2. Bauabschnitt:
Firma Regnauer, Seebruck
Landschaftsplaner: Kübler, München
Baukosten: 1 760/1 795 DM/m² Hauptnutzfläche
Fertigstellung: 1996/1999
Standort: Hofangerstraße 158/160, München-Altperlach

DG

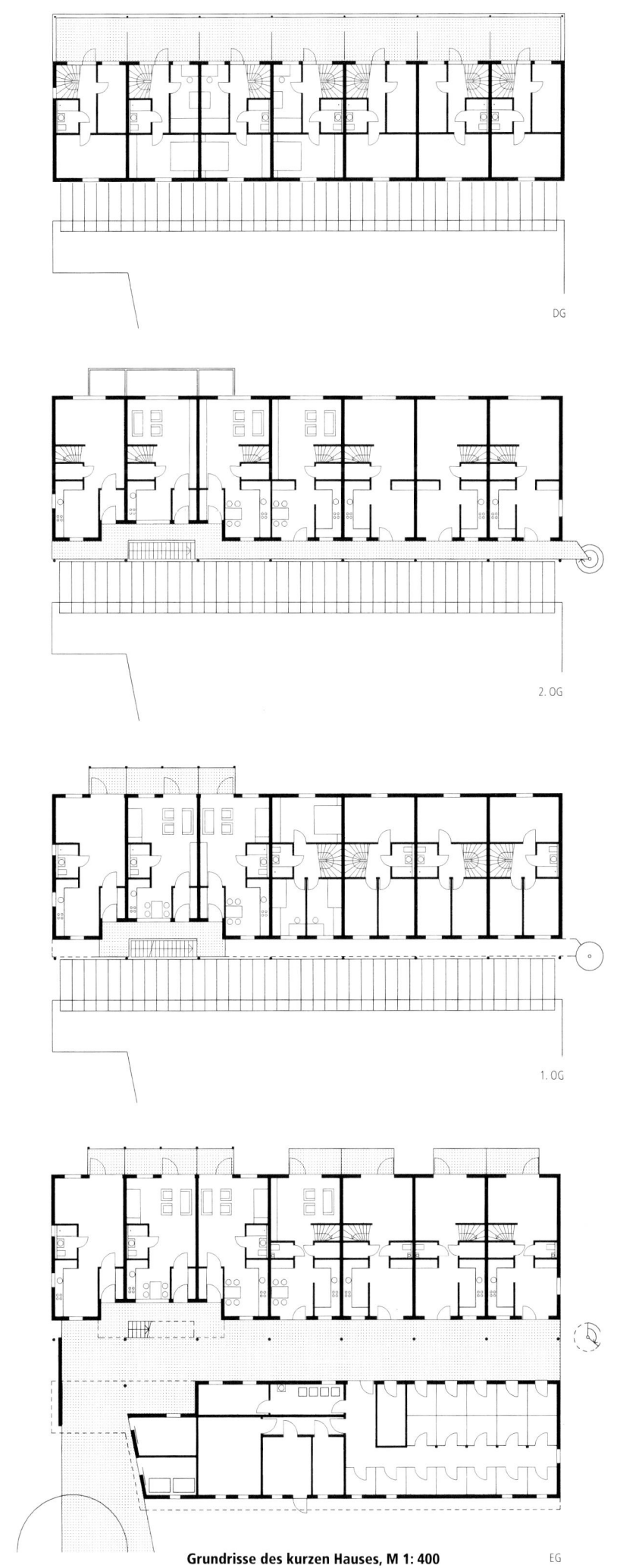

2. OG

1. OG

Grundrisse des kurzen Hauses, M 1: 400   EG

ZEILEN

Sparen durch Klarheit
Wohnsiedlung in München-Ludwigsfeld
Architekt: Helmut Zieseritsch, Graz

Eines der großzügig verglasten Treppenhäuser

Zugangsweg am zentralen Sammelparkplatz

»Mit diesem Modellvorhaben sollen alle Möglichkeiten der Kosteneinsparung ausgeschöpft werden.« – Die Ausschreibung zum Wettbewerb »Kostengünstiger Wohnungsbau«, von der bayerischen Obersten Baubehörde 1994 formuliert, war in ihren Zielen klar und eindeutig. Die zuvor von der Behörde angeregten Mietwohnungen in Holzsystembauweise zu Kampfpreisen von unter 1 800 DM pro m² Wohnfläche hatten der Bauindustrie Beine gemacht: »Das schaffen wir auch!«, sagten sich die Ziegel- und die Betonbauer.

Die Baubehörde wollte nicht weiter der Einseitigkeit bezichtigt werden und schrieb also den besagten, nicht an bestimmte Materialien gebundenen Wettbewerb aus. Konkurrenz, nicht nur zwischen Architekten, sondern auch zwischen unterschiedlichen Bausystemen, belebt das Geschäft. Auf den Architektenwettbewerb folgte eine Generalunternehmer-Ausschreibung, was sodann in ein kooperatives Verfahren mündete, bei dem die effizienteste Produktion von Wohnraum herausgemendelt wurde.

Ein Ergebnis dieser konzertierten Anstrengungen von Planern und Herstellern ist diese Siedlung am Rande einer Schlichtsiedlung im Münchener Nordwesten, jenseits des Autobahnrings. Das freundliche Ensemble besteht aus fünf Zeilen mit insgesamt siebzig Wohnungen. Die Gebäude stehen in zwei parallelen Reihen und formen einen langgestreckten Hofraum mit kleinen Plätzen und Nebengebäuden (sie ersetzen die eingesparten Keller).

Es handelt sich um reguläre Zweispännertypen in idealer Ost-West-Ausrichtung.

Der konstruktive Clou ist nun, daß die Geschoßdecken über sieben Meter von (in Ziegelstein gemauerter) Außenwand zu Außenwand gespannt wurden, so daß zwischen den Erschließungskernen der Treppenhäuser ein großer, ununterbrochener Raum entsteht, der im Prinzip vollkommen variabel ist. In der Standardausführung ließen sich hier entweder zwei Dreizimmer- oder eine Vierzimmer- und eine Zweizimmerwohnung anordnen.

Die geringe Tiefe der Wohnungen erlaubt überdies das »Durchwohnen«, so daß Wohnraum und Eßplatz den ganzen Tag Sonne bekommen.

Wie die nebenstehende Isometrie verdeutlicht, verläuft der Herstellungsprozeß dieses Gebäudetyps sehr rationell – im Prinzip ließe er sich wie die unseligen Plattenbauten als »Kranbahnarchitektur« endlos weiterführen. Irgendwie erinnert gerade dieses Schaubild an Ernst Neuferts Wohnungsbau-Fabrik von 1943. Die Jury des Architektenwettbewerbs bemerkte denn auch zu dem Entwurf lakonisch: »Innovative Ideen sind nicht zu erkennen.« Das erscheint denn doch etwas hart ausgedrückt: Durch die großzügig verglasten Treppenhäuser und die vorgehängten Stahlbalkone der Hauptschauseiten wird die Spararchitektur nämlich doch noch ganz respektabel; die leichten Wellblech-Pultdächer – die kennt man tatsächlich von anderen Sparwettbewerben –, die frische Farbgebung sowie, ganz wichtig, die differenzierte Freiraumgestaltung tun ein übriges, um die Siedlung zu einem besonderen Ort zu machen. Da die Stadt München bedürftigen Haushalten großzügige Hilfen zur Eigentumsbildung anbot und das Vorhaben in den Medien gut herüberzubringen wußte, waren die Wohnungen rasch verkauft. Seit ihrer Fertigstellung vor zwei Jahren wurde die Siedlung schon mehrfach mit Preisen ausgezeichnet, darunter mit dem Bauherrnpreis »Hohe Qualität – tragbare Kosten« sowie mit dem Ehrenpreis der Stadt München für guten Wohnungsbau.

Wohnsiedlung in München-Ludwigsfeld 51

Die Pultdachzeile mit davorgestellten Balkonen und
den als Kellerersatz dienenden Schuppen

Schema der rationellen Bauproduktion

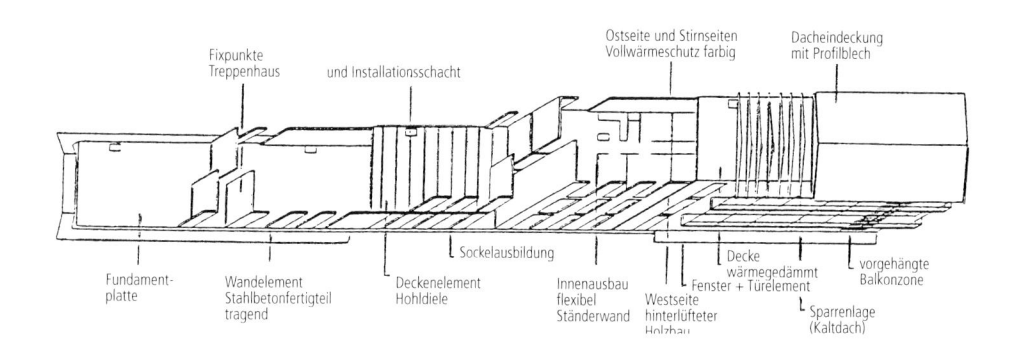

- Fixpunkte Treppenhaus
- und Installationsschacht
- Ostseite und Stirnseiten Vollwärmeschutz farbig
- Dacheindeckung mit Profilblech
- Fundamentplatte
- Wandelement Stahlbetonfertigteil tragend
- Sockelausbildung
- Deckenelement Hohldiele
- Innenausbau flexibel Ständerwand
- Westseite hinterlüfteter Holzbau
- Decke wärmegedämmt
- Fenster + Türelement
- vorgehängte Balkonzone
- Sparrenlage (Kaltdach)

52 ZEILEN

Im Zwischenraum der zwei Zeilen

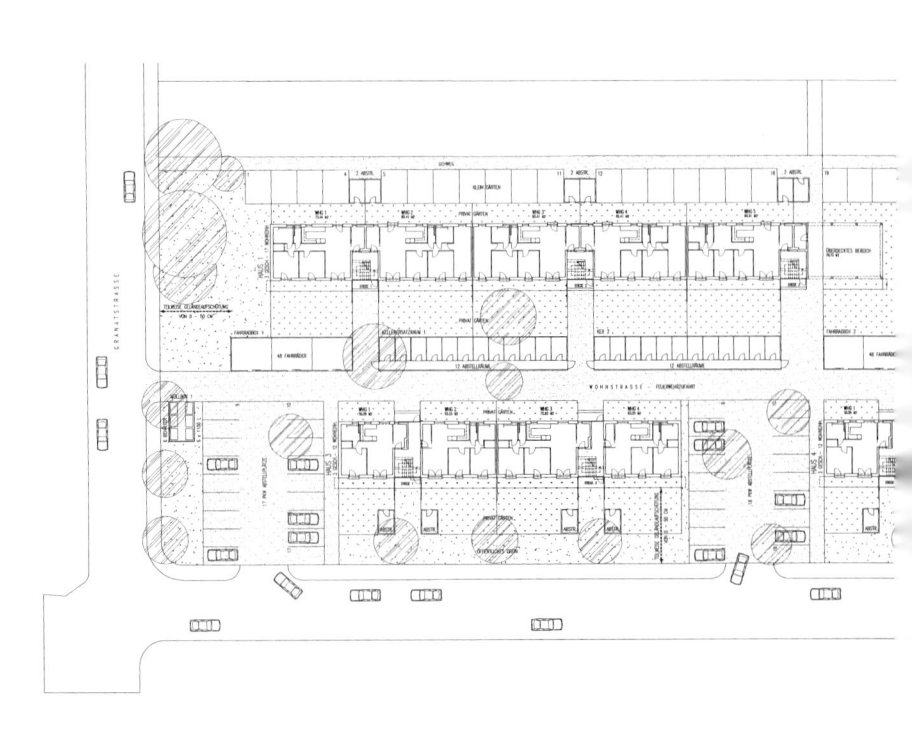

Wohnsiedlung in München-Ludwigsfeld

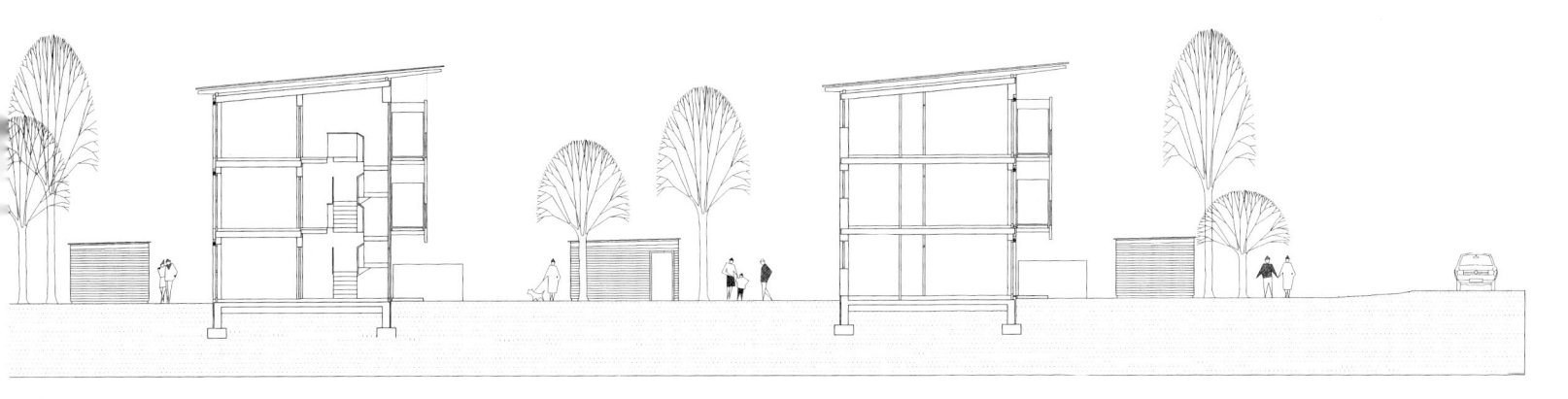

Querschnitt durch beide Zeilen, M 1: 300

Grundriß der Gesamtanlage, M 1: 1000

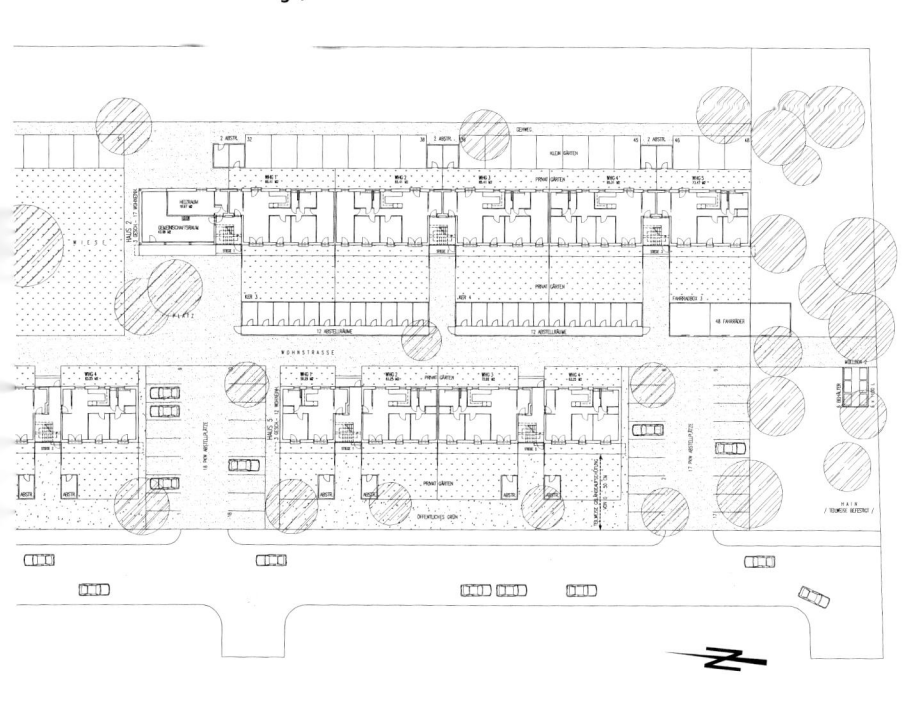

Der grüne Platz mit Pergola und altem Baumbestand

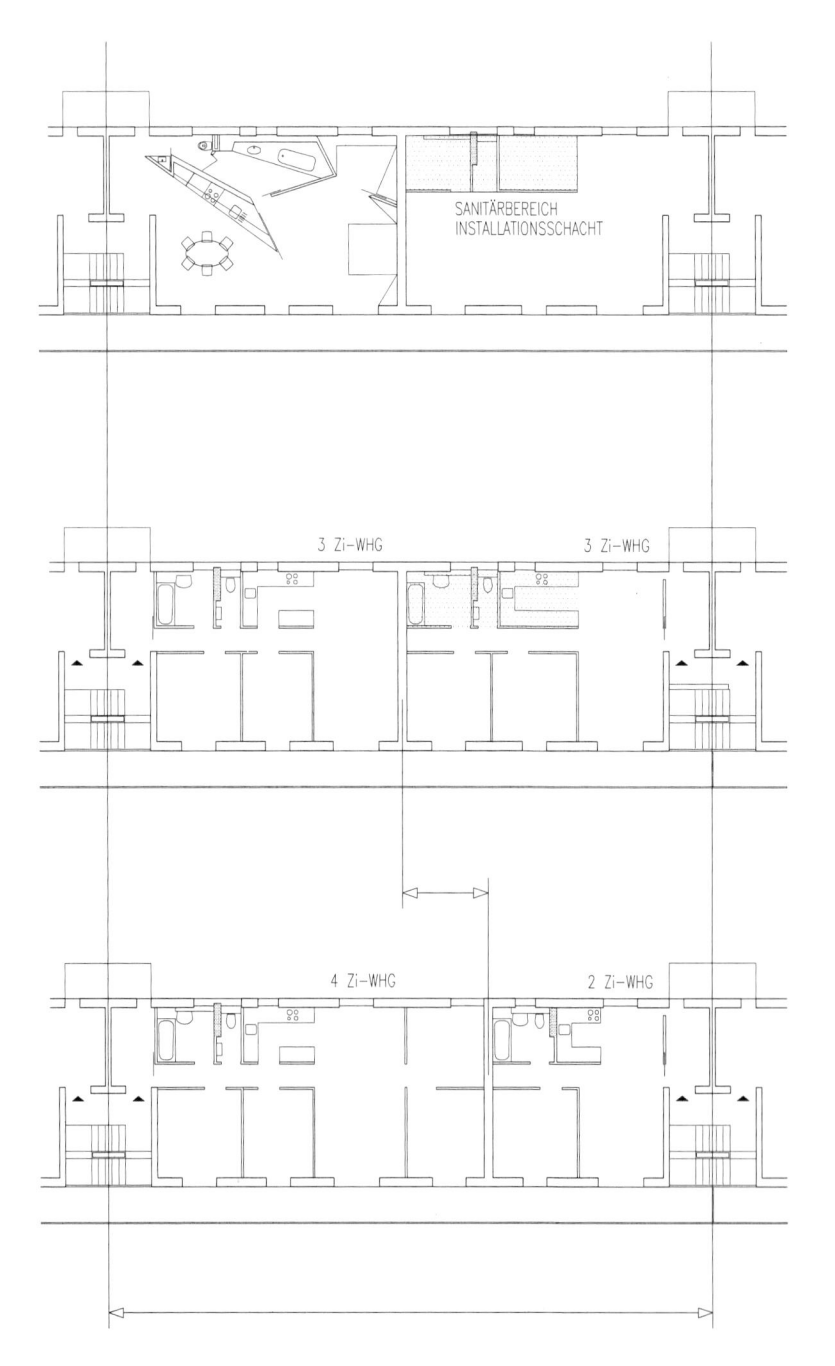

Typischer Grundriß mit – aufgrund der weitgespannten Decke – möglichen Variationen, M 1:300

Wohnsiedlung in München-Ludwigsfeld 55

Querschnitt, M 1:100

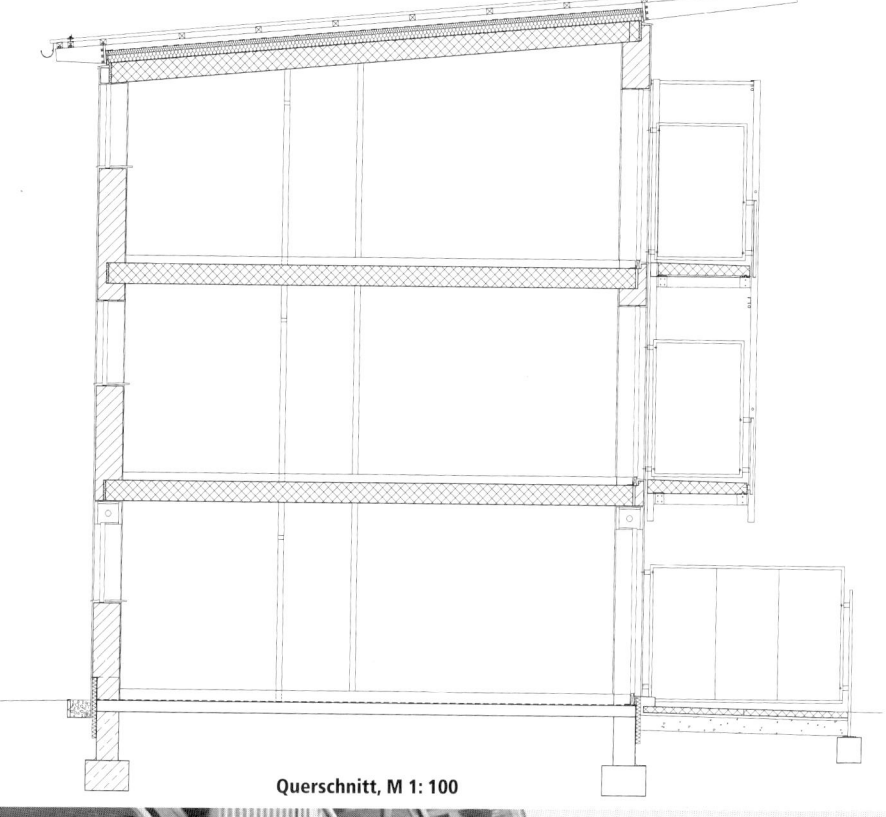

Ein Eingangsbereich

Bauherr: Concept Bau, München
Architekt: Helmut Zieseritsch, Graz
Tragwerksplanung:
Förster + Sennewald, München
Außenanlagen: Manfred Maurer, München
Baukosten: 1 550 DM/m2 Wohnfläche netto
Fertigstellung: 1997
Standort: Smaragdstraße, München-Ludwigsfeld

Vielfalt in der Einheit
Wohnsiedlung in Winterthur (Schweiz)
Architekten: Beat und Robert Rothen, Winterthur

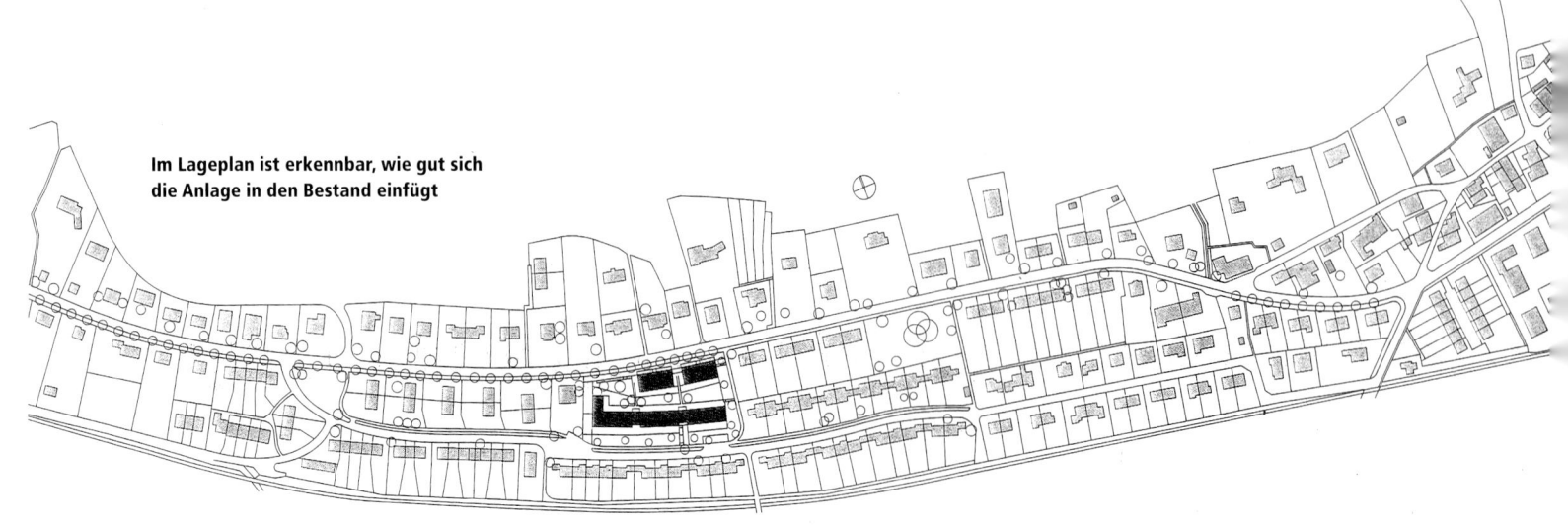

Im Lageplan ist erkennbar, wie gut sich die Anlage in den Bestand einfügt

Die Gärten im Zwischenraum der zwei Zeilen sind nach kurzer Zeit üppig bewachsen

Der neuen Architektur in der Deutschschweiz wird eine kühle Rigidität nachgesagt. Daß diese gerade im Wohnungsbau und insbesondere im verdichteten Flachbau sinnvoll sein kann, belegt bereits seit Jahrzehnten das Berner Atelier 5. Über die anfängliche Härte ihrer Formen hat sich bereits nach wenigen Jahren eine zweite Schicht aus Vegetation und Benutzungsspuren gelegt.

Ein vergleichbar robustes Grundgerüst, das künftigen Veränderungen gegenüber offen ist, bietet die hier gezeigte Hangbebauung den Eigentümern der 31 Wohnungen. 1996 fertiggestellt, ist die Anlage nach wenigen Jahren (Bild oben: 1999) üppig zugegrünt und bei ihren Bewohnern sehr beliebt. Das liegt auch daran, daß hier die Einheitlichkeit der äußeren durch eine große Vielfalt der inneren Gliederung ergänzt wird: »Rigide Homogenität außen, kontrollierte Heterogenität im Innern«, nennen das die Architekten.

Der Quartiersweg entlang der südlichen Zeile wird von Dächern und Treppen rhythmisch gegliedert

Die »Gesellschaft für Erstellung billiger Wohnhäuser in Winterthur«, die älteste gemeinnützige Baugesellschaft der Stadt, hatte 1947 in unmittelbarer Nachbarschaft die Wohnkolonie Winzerstraße errichten lassen. Für das ehemals landwirtschaftlich genutzte, langgestreckte Terrain zwischen Winzer- und Weinbergstraße ließ die Gesellschaft sieben Architekturbüros Vorschläge erarbeiten: Die Neubebauung sollte Bezüge zur Umgebung aufnehmen und eine soziale Durchmischung ermöglichen.

Das Projekt von Robert und Beat Rothen – Vater und Sohn – fügt sich differenziert in die vorgegebene Bau- und Freiraumstruktur ein, die Position der Baukörper vermittelt zwischen größeren und kleineren, parallel und senkrecht zum Hang stehenden Gebäuden, sie verbindet und ergänzt vorhandene Grünräume. Erschließung und Freiraumgestaltung sind dem Siedlungsgedanken verpflichtet, Flächen für gemeinschaftliche Nutzungen, Pflanzgärten, Spielbereiche, Sitzstufen und kleine Plätze verhindern Anonymität und fördern eine lebendige, vielfältige Nachbarschaft.

Die einzelnen Baukörper indes folgen einem rigiden Grundkonzept. »Der heutige Wohnungsbau als spekulative Massenware nimmt auf veränderte Lebensbedingungen und die daraus entstehenden neuen Wohnformen keinerlei Rücksicht«, klagen die Architekten und fahren fort: »Neben dem klassischen Familienhaushalt stehen heute der Einpersonenhaushalt, der Paarhaushalt, die Wohngemeinschaft, der Haushalt Alleinerziehender, der Haushalt der Drei-Generationen-Familie.«

Eingedenk dieser sozialen Vielfalt wurde in den Grundrissen so wenig wie möglich festgelegt: Jede Wohnung besitzt einen baulich fest bestimmten Kern mit WC, Bad, Windfang, Abstellraum und Korridor. Der Balkon ist das zweite fest definierte Element der Wohnung. Jedes Zimmer steht in räumlicher Beziehung zum privaten Außenraum, im Erdgeschoß sind dies Garten-, in den oberen Wohnungen Dachterrassen.

Die auf den Außenraum orientierte Wohnungsfläche ist frei unterteilbar. Mit sekundären Leichtbauelementen wie Wänden, Kasten- und Korpuselementen, entsprechend den Baukastenplänen der Architekten, kann sie nach den Bedürfnissen der Bewohner individuell gestaltet werden. Auf diese Weise werden Großraumwohnungen ebenso möglich wie kleinteilige Mehrzimmerwohnungen.

Wohnsiedlung in Winterthur (Schweiz) **59**

Die Treppenhäuser zwischen den Abschnitten der südlichen Zeile (links oben die Ansicht vom Hof) bilden transparente Zäsuren

Die Eingänge am Hof

Die Zugänge zu den Wohnungen sind je nach Lage differenziert: Es gibt klassische Zweispänner-Treppenhäuser, durch deren Vollverglasung der Blick vom Hof ins Tal hindurchgeht. Die Hangwege setzen sich hier fort in das Geschoß auf Höhe der Winzerstraße, wo die Treppenhäuser als großzügige Zäsuren angelegt sind. Hier liegt auch die in den Hang geschobene, natürlich belichtete und belüftete Tiefgarage.
Sehr schön sind die skulpturalen Treppenaufgänge im Freien, die das Dach für weitere Eingänge abgeben. Sie gliedern die leicht konkave Front der talseitigen Zeile.
Hier läßt sich am besten das Spiel der Materialien erkennen: Ortbeton für die tragenden Teile und ein rauher, mit schwarzem und rotem Quarzsand durchsetzter Naturputz an den Lochfassaden kontrastieren subtil miteinander. Textur und Farbe werden sich im Laufe der Jahre angleichen und die Anmutung eines künstlichen Felsgesteins gewinnen. So wird die schon heute durch vielerlei Zutaten »verortete« kleine Hangsiedlung immer mehr zu einem selbstverständlichen Bestandteil ihrer Umgebung werden.

Wohnsiedlung in Winterthur (Schweiz) 61

Parkplätze und Tiefgarage liegen vor bzw. unter der südlichen Zeile

Die Tiefgarage wird von Süden natürlich belichtet und belüftet

Bauherr: Gesellschaft für Erstellung billiger Wohnhäuser in Winterthur
Grundeigentümerin: Stadt Winterthur, Überlassung im Baurecht
Architekt: Beat und Robert Rothen, Winterthur, Mitarbeit: Samuel Schwitter
Landschaftsplanung: Hansjörg Walter, Winterthur
Wettbewerb: 1992
Fertigstellung: 1996
Standort: Weinbergstraße 69 und 71/ Winzerstraße 58, Winterthur

62 ZEILEN

Grundrisse und Schnitte, M 1:500

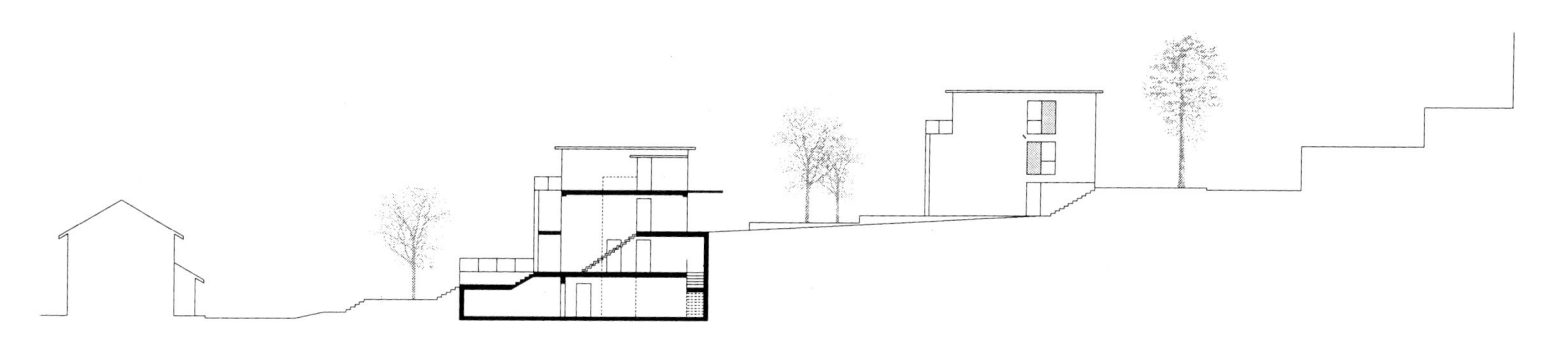

Wohnsiedlung in Winterthur (Schweiz) 63

Einer der offenen Wohnräume mit vorgelagerter Terrasse

Die in den Wohnraum einbezogene Einbauküche

Flexibilität aufgrund der kompakten Installationen

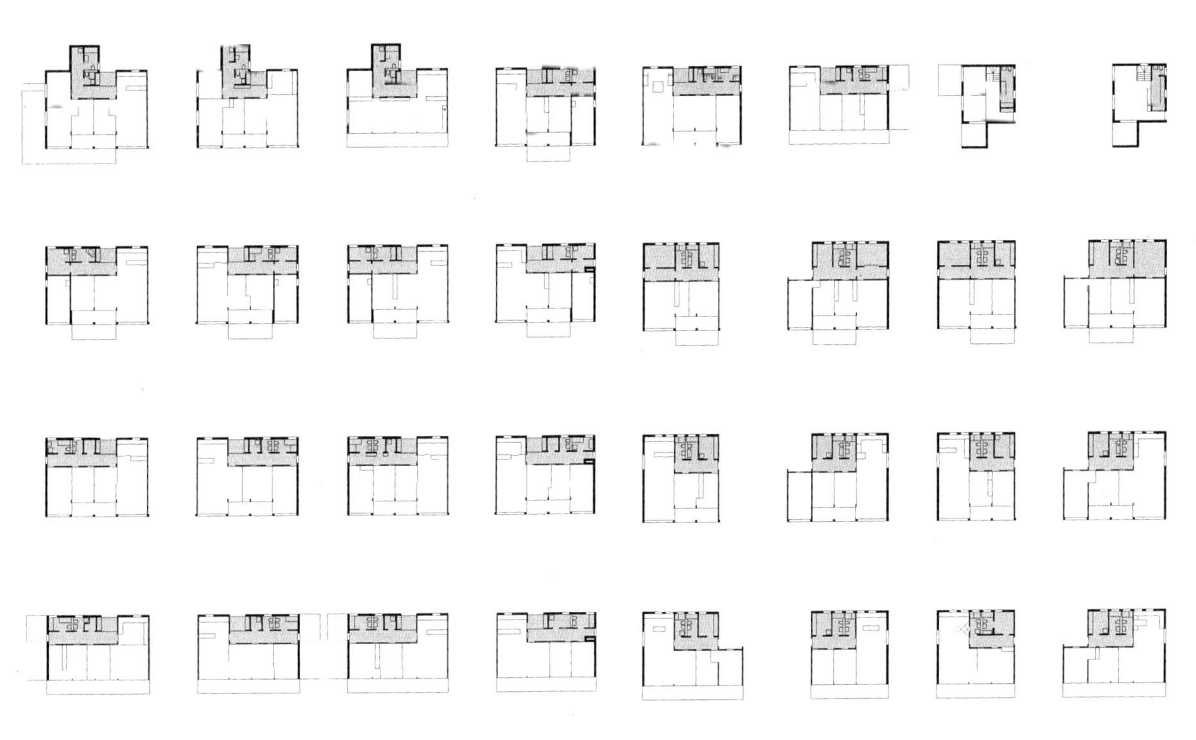

Stadt und Land

Wohnsiedlung Rütihof in Zürich-Höngg (Schweiz)
Architekten: Metron, Brugg

Die planlose Verstädterung der freien Landschaft ist in der kleinen, dicht besiedelten Schweiz ein akutes Problem. Darum haben Architekten seit längerem Modelle für eine flächensparende Siedlungsweise auch am Stadtrand entwickelt, man denke nur an die Siedlung Halen bei Bern (Atelier 5) oder die Wohnanlage Seldwyla von Rolf Keller. Da die Schweiz noch immer ein Land der Mieter und der Wohnungsgenossenschaften ist (der ganze Staat definiert sich bekanntlich als Eidgenossenschaft), scheuen die Architekten auch nicht vor dem Entwurf großer kollektiver Wohnformen zurück, die sich in ihrer calvinistischen Rigidität sehr preiswert realisieren lassen.

Das Architekturbüro Metron ist bekannt für seinen kostengünstigen und humanen Wohnungsbau – auch in Deutschland gaben sie davon vor einigen Jahren eine Kostprobe mit einer Siedlung in Röthenbach an der Pegnitz. Am Stadtrand von Zürich, im sich rasant entwickelnden Stadtteil Höngg, gewannen die Architekten den Wettbewerb für eine verdichtete Südhangbebauung – auf einem Grundstück, das die Stadt der Baugenossenschaft im Baurecht überlassen hatte.

Drei Gebäudereihen mit insgesamt 133, überwiegend großen Mietwohnungen sind derart hintereinander gestaffelt, daß die Besonnung optimal und von den meisten Zimmern ein Blick ins Tal möglich ist. Ein großes angrenzendes Naturschutzgebiet wird in die Zwischenräume der Häuser optisch einbezogen – das gesamte Wohngebiet bleibt vom Autoverkehr befreit. Die Häuser werden von der Bergseite erschlossen, wo unter dem viergeschossigen Teil der Anlage eine Tiefgarage untergebracht ist.

Die zu unterschiedlich langen Einheiten verketteten, unverblümt seriell gegliederten Bausteine der Siedlung haben jeweils ein verglastes Treppenhaus auf der Nordseite, von dem aus je zwei Wohnungen pro Geschoß erschlossen werden. Die großen, südorientierten Wohnräume liegen neutral in einer Reihe, so daß neben Familienwohnen auch alternative Lebensformen möglich sind.

Die in massiver Bauweise aus Ziegeln errichteten Häuser tragen eine Schutzschicht aus Eternitplatten, die in hellem Gelb gespritzt wurden. Die Dächer sind begrünt, das Regenwasser wird in Zisternen gesammelt.

Kompakte Siedlung im Freiraum: Aus den
architektonisch klar gefaßten Räumen geht der
Blick in das benachbarte Naturschutzgebiet

Lageplan des schnell wachsenden Züricher Vorortes Höngg

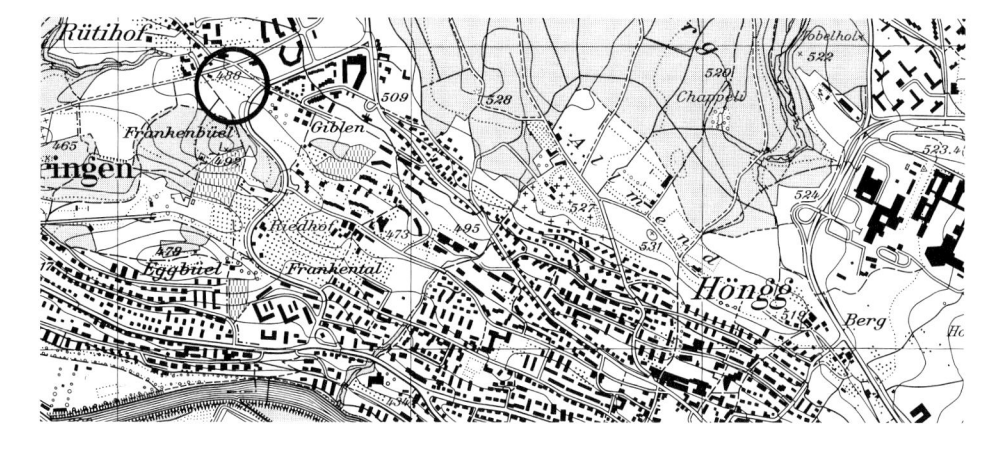

Zwischen Laubengang und Treppenhaus:
die helle, halboffene Eingangshalle

Einer der Fußwege, die das Quartier durchqueren

Robust: gedeckter Platz für Quartiersaktivitäten

Entlang der Hangterrassen immer wieder
der Blick in die Landschaft

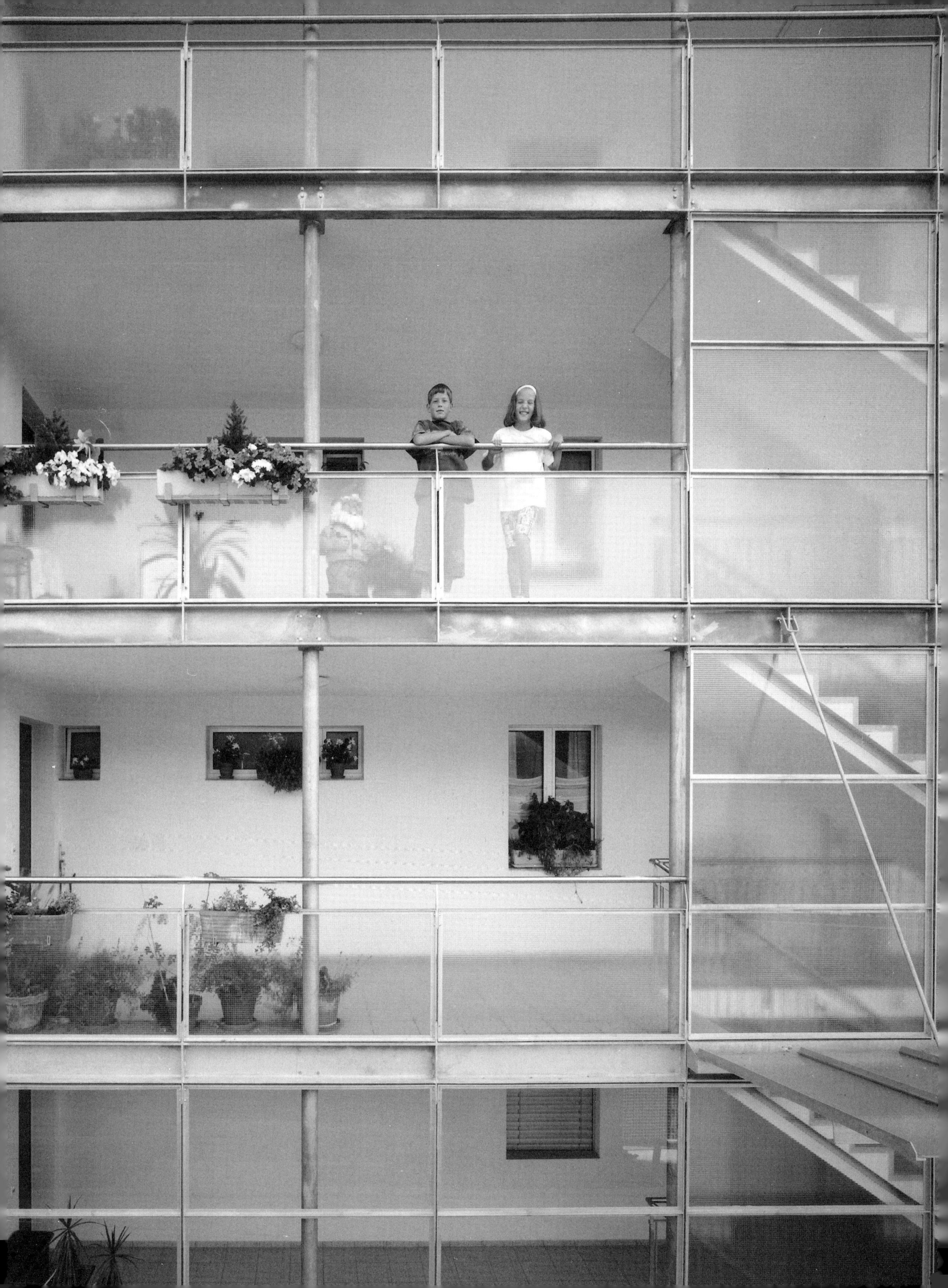

Grundriß Normalgeschoß und Schnitte, M 1:500

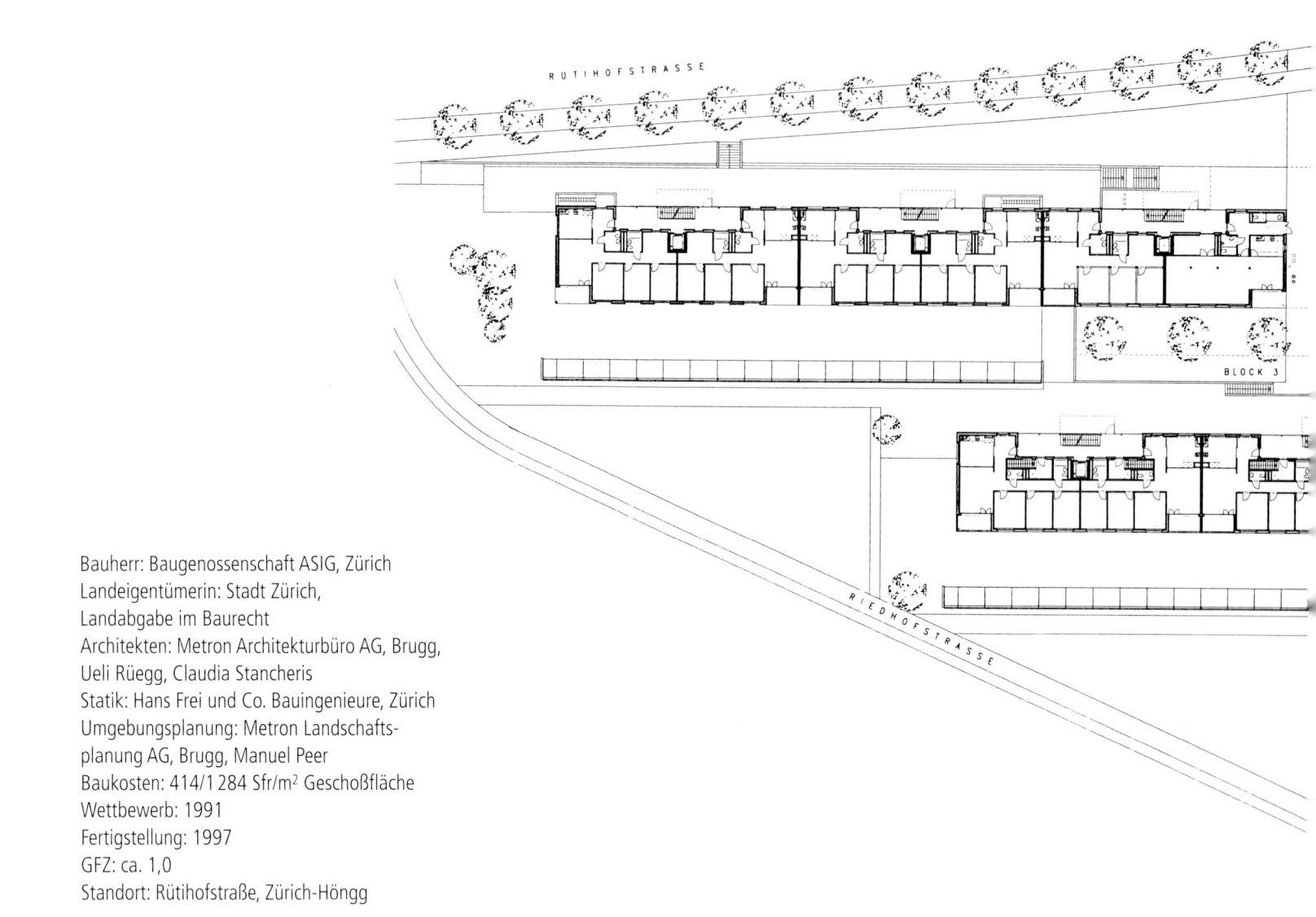

Bauherr: Baugenossenschaft ASIG, Zürich
Landeigentümerin: Stadt Zürich,
Landabgabe im Baurecht
Architekten: Metron Architekturbüro AG, Brugg,
Ueli Rüegg, Claudia Stancheris
Statik: Hans Frei und Co. Bauingenieure, Zürich
Umgebungsplanung: Metron Landschafts-
planung AG, Brugg, Manuel Peer
Baukosten: 414/1 284 Sfr/m² Geschoßfläche
Wettbewerb: 1991
Fertigstellung: 1997
GFZ: ca. 1,0
Standort: Rütihofstraße, Zürich-Höngg

Die Siedlung in der Landschaft von Süden

Wohnsiedlung in Zürich

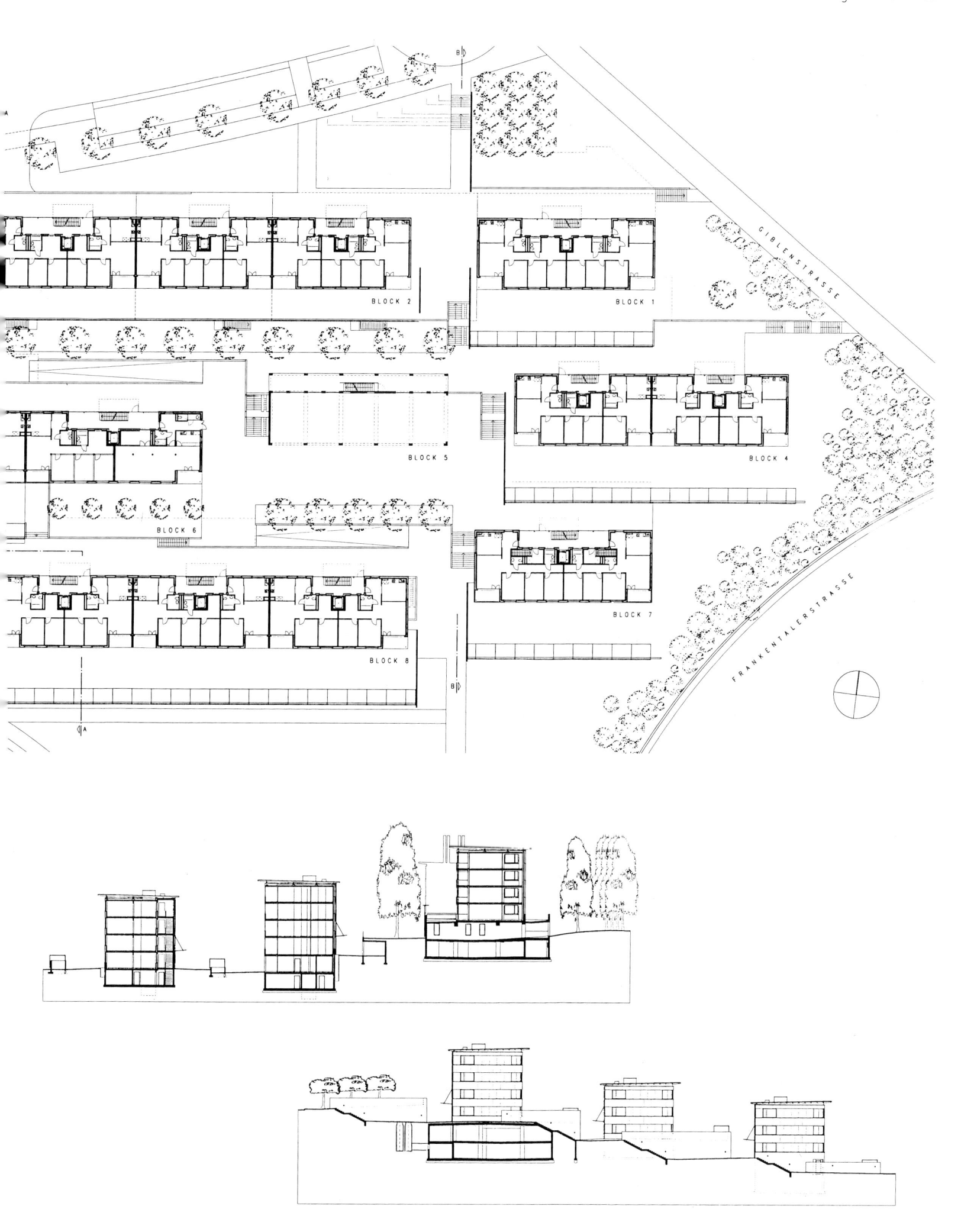

Stapelreihenhäuser

Wohnbebauung Staakener Felder in Berlin-Spandau

Architekten: Feige + Partner, Berlin

Seit dem Fall der Mauer ist das Berliner Umland einem großen Siedlungsdruck ausgesetzt. Um auch innerhalb des Stadtgebietes attraktive neue Wohnstandorte bieten zu können, ließ die Senatsbauverwaltung Anfang der neunziger Jahre zahlreiche neue Siedlungsgebiete planen. Die Staakener Felder liegen unmittelbar am ehemaligen Grenzstreifen, südlich des alten Straßendorfes Staaken. Wegen der kleinteiligen Nachbarbebauung sah die Rahmenplanung hier eine Gartenstadtbebauung mit zu den Rändern abnehmender Dichte vor. Bebauung und Freiraum sollten auf diese Weise intensiv verwoben werden.

Die auf 4,5 ha Brache einheitlich realisierte Siedlung weist daher an ihren Rändern einen interessanten Gebäudetyp auf, eine Übergangsform von der Geschoßwohnung zum Reihenhaus – die Stapel-Maisonette. Geschickt werden ein halbgeschossiger Versatz, ein Staffelgeschoß sowie ein abgeschlepptes, asymmetrisches Dach – Mittelding zwischen Tonnen- und Pultdach – für das »Downscaling« der Viergeschosser genutzt: Zur Landschaft hin wirken die zu ruhigen Gruppen verketteten Häuser wie normale Reihenhäuser – eine Alternative zum Flächenfraß an der Peripherie.

**Lageplan der Siedlung im Staakener Feld;
links die hier gezeigten Häuser**

**Randbaustein der Vorstadt:
Das Dach ist zur Landschaft hin
heruntergezogen**

Wohnbebauung in Berlin-Spandau **71**

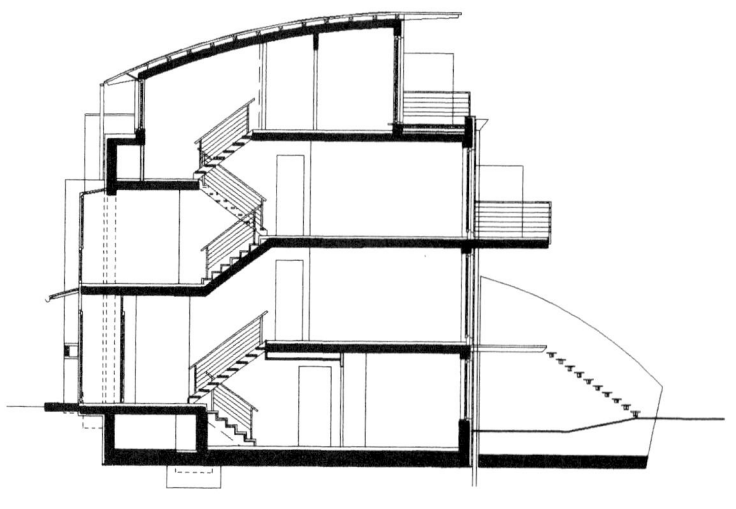

Schnitt, M 1: 200

An den Enden der Zeilen werden die
Obergeschoß-Maisonetten durch einläufige
Außentreppen erschlossen

Bauherr: Bauwert Immobilien, Berlin
Architekten: Feige + Partner, Berlin
Projektleitung: Reiner Künstler
Statik: Pfeifer, Corte und Dimitroff, Berlin
Fertigstellung: 1996
Standort: Bergstraße, Berlin-Spandau

Wohnbebauung in Berlin-Spandau

Südwestansicht

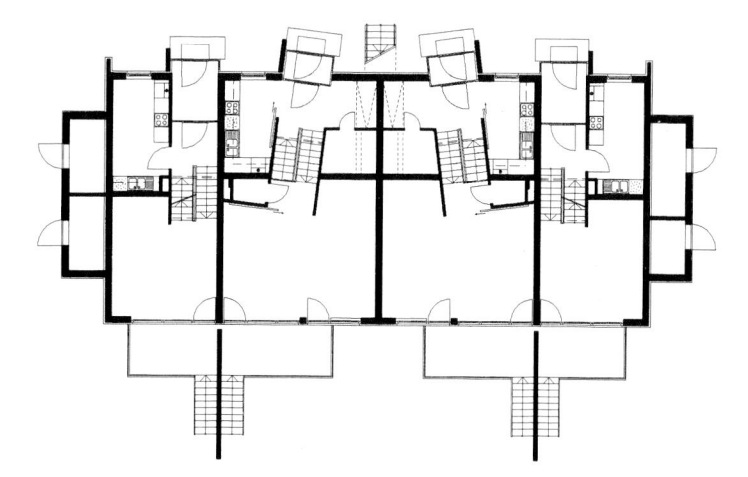

Grundriß der unteren Maisonette, M 1:300

Gasse im Garten

Wohnanlage in Winterthur-Wülflingen (Schweiz)
Architekt: Hans Binder, Winterthur

Blick auf die Gesamtanlage von Norden

Die Wohnanlage füllt eine grüne Lücke zwischen dem alten, locker gegliederten Dorfkern und einem rechtwinklig strukturierten Neubauviertel. Um die verlangte Bebauung mit Familienwohnungen kompakt und wirtschaftlich anzuordnen, wurde die Erschließung in einer halböffentlichen, etwa Nord-Süd-orientierten Gasse zusammengefaßt, zu der Küche und Nebenräume orientiert sind. Die privateren Wohnräume wenden sich zu den Außenseiten, wo der alte Obstgarten weiterbesteht. Diese Gliederung wird auch in der Materialisierung deutlich: Die Raumschicht entlang der Gasse wurde als hell verputzte Lochfassade ohne Dachüberstand ausgeführt; ein senkrechtes Fensterband trennt diesen Bauteil von dem in graublaue Faserzementplatten gekleideten Gartentrakt, den große Öffnungen und eine weit auskragende Flachdachkrempe kennzeichnen. Die Zeilen links und rechts der Gasse sind in etwa spiegelsymmetrisch angelegt, mit einem einseitigen Vorsprung zur Straße, an welchem die Schornsteine der Heizzentrale einen Akzent setzen. Die gesamte Anlage ist von einer Tiefgarage unterbaut.

Zwei von filigranen Glasdachkonstruktionen geschützte Brücken markieren die Eingänge zu den Wohnungen – je zwei bündig in die Wand gesetzte Metalltüren auf jeder Seite. Um es hier nicht gar zu hermetisch zu machen, fügte man seitlich einen schmalen Fensterschlitz hinzu.

Auf den gegen Regen geschützten, als Verweilraum aber eventuell etwas zu luftigen Brücken haben manche Bewohner Pflanzen postiert. Die helle »Schlucht« der Gasse eignet sich für geschütztes Kinderspiel.

Die Grundrisse der Anlage erweisen sich als außerordentlich flexibel; so zogen in zwei übereinanderliegende Eckwohnungen Ingenieure, die zu Hause arbeiten und dabei von der Familie in Ruhe gelassen werden wollen. Der kompakte und kommunikationsfördernde Siedlungsbaustein ist eine interessante Alternative sowohl zum üblichen Geschoßwohnungsbau wie zu Reihenhäusern.

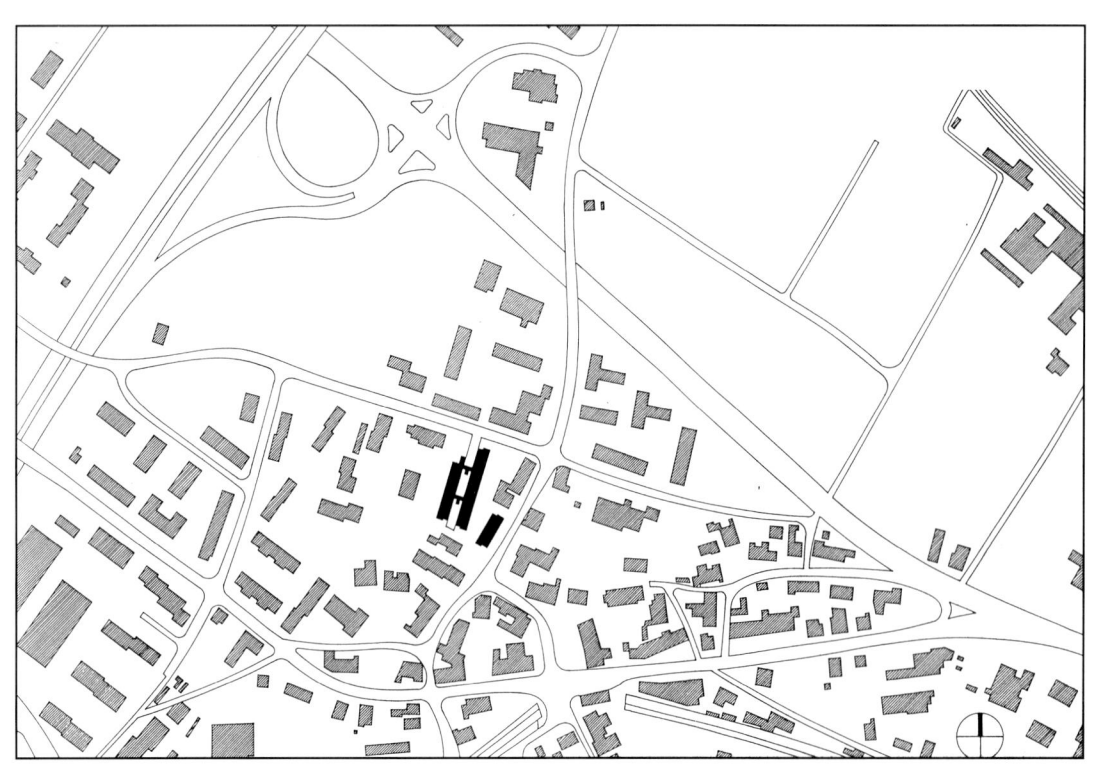

Situationsplan

Mediterran: die im Gegensatz zu den rückwärtigen Gärten »hart« gestaltete Gasse

Die ruhige Gartenseite

76 ZEILEN

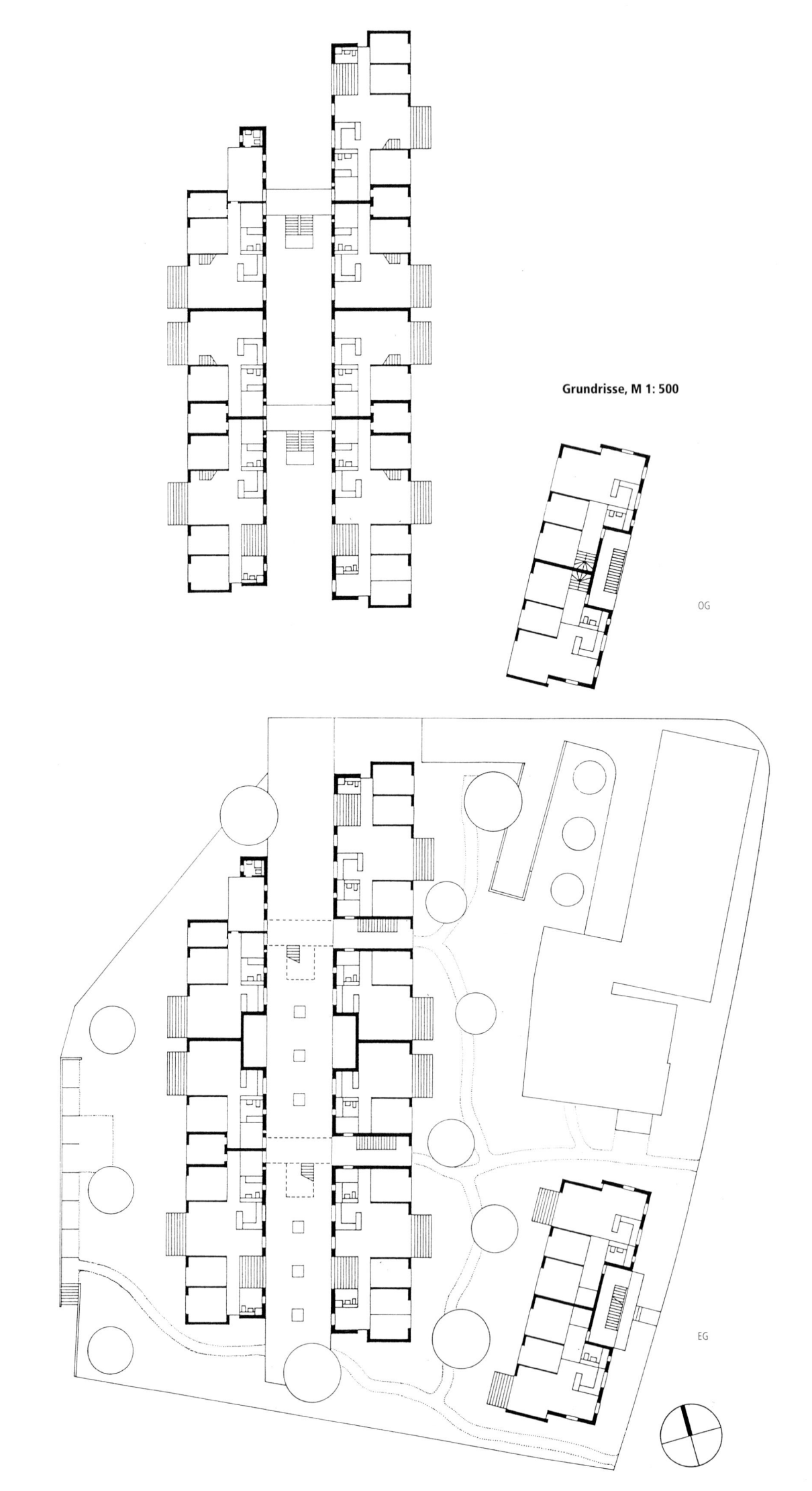

Grundrisse, M 1:500

OG

EG

Wohnanlage in Winterthur

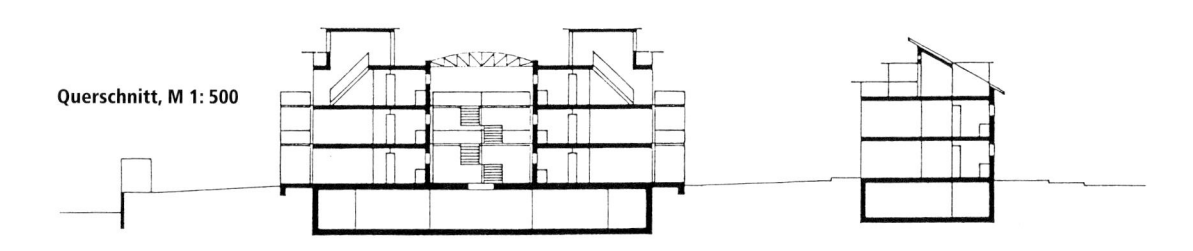

Querschnitt, M 1: 500

Für das Durchwohnen geeignet: Innenräume

Die Eingänge zu den Maisonettewohnungen im Obergeschoß

Bauherr: Stadt Winterthur, Pensionskasse
Architekt: Hans Binder, Winterthur
Statik: Bona und Fischer AG, Winterthur
Baukosten: 8,43 Mio SFr
Fertigstellung: 1997
Standort: Riedhofstraße 25, Holzlegistraße 15, Winterthur-Wülflingen

ZEILEN

Sparsam Raum gewinnen
Wohnungsbau in Regensburg
Architekt: Hans Engel, Augsburg

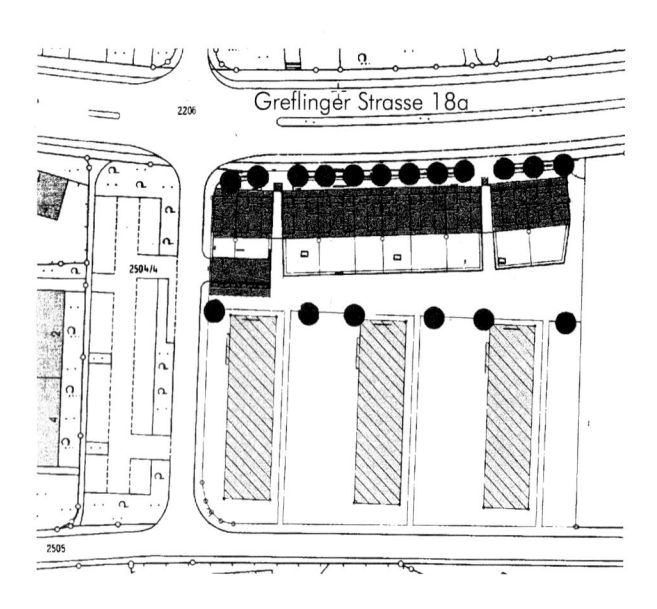

Lageplan

Die ruhige Rückseite

Im Rahmen urbaner Nachverdichtungen werden heute selbst Grundstücke an stark befahrenen Straßen mit Wohnungen bebaut. In diesem Fall konnte durch die günstige Orientierung – die Straßenseite ist die Nordseite – ein Gebäude mit relativ ruhigen Wohnräumen entstehen, das zugleich als Lärmschutzwand für die rückwärtige Bebauung dient.

Als Beitrag zum Wettbewerb »Kostengünstiger Wohnungsbau« der Obersten Baubehörde Bayerns führt der rund 90 m lange, fünfgeschossige Riegel einige neue Möglichkeiten vor, wie mit billigen, doch dauerhaften Materialien hohe Wohn- wie Gestaltqualität erreicht werden kann.

Der aus drei linearen, an den Treppenhäusern leicht gegeneinander verschwenkten Abschnitten bestehende Beton-Rohbau ist eine Mischung aus vor Ort gegossenen Schotten, Geschoßdecken aus Halbfertigteilen sowie Loggien und Laubengangdecken aus Fertigteilen. Die Treppenhauswände sind aus Leichtbeton, alle übrigen Wände sind aus Gipskarton, der an den Außenwänden mit zementgebundenen Holzfaserplatten verkleidet wurde.

Auf den ersten Blick fällt die Verwendung halbtransparenter Glaselemente als äußere Fassadenschicht auf. Sie schirmen ab, lassen die Tragstruktur jedoch durchscheinen – eine beständige, »ehrliche Haut«, deren Kühle in reizvollem Kontrast steht zum warmen Ton der zweiten Schicht, den Holztüren und -fenstern. Diese konnten von den Architekten ebenso durchgesetzt werden wie Fliesen in Bädern und Küchen und Unterputzleitungen. Die Wohnungsgrundrisse kommen ohne Flure aus: Ein zentraler »Allraum« erschließt die Zimmer. Nach Süden gibt es auf der gesamten Breite geschützte Balkone.

Der Laubengang entfaltet in diesem Beispiel aus nachvollziehbaren Gründen keine Aufenthaltsqualität, er ist schlicht die sparsamste Erschließung für derlei einseitig belastete, kleinere Wohnungen und deshalb hier nicht weiter differenziert. Der schmalen Zone zwischen Gebäude und Straße, von der aus die Erdgeschoßwohnungen sowie die Treppenhäuser zugänglich sind, ließ man mit halbhohen Wandelementen, einem Eingangsbaldachin über den Briefkästen, Fahrradständern, Stufen und Baumpflanzungen doch einige Sorgfalt angedeihen. Die vor die Treppenhäuser herausgezogenen Aufzugstürme – eigentlich ein abgegriffenes Motiv des Funktionalismus – zeigen ihr Innenleben und gliedern den Vorraum angenehm, sofern dieses Attribut an einer vierspurigen Bundesstraße überhaupt angebracht ist.

Die laute Straßenseite

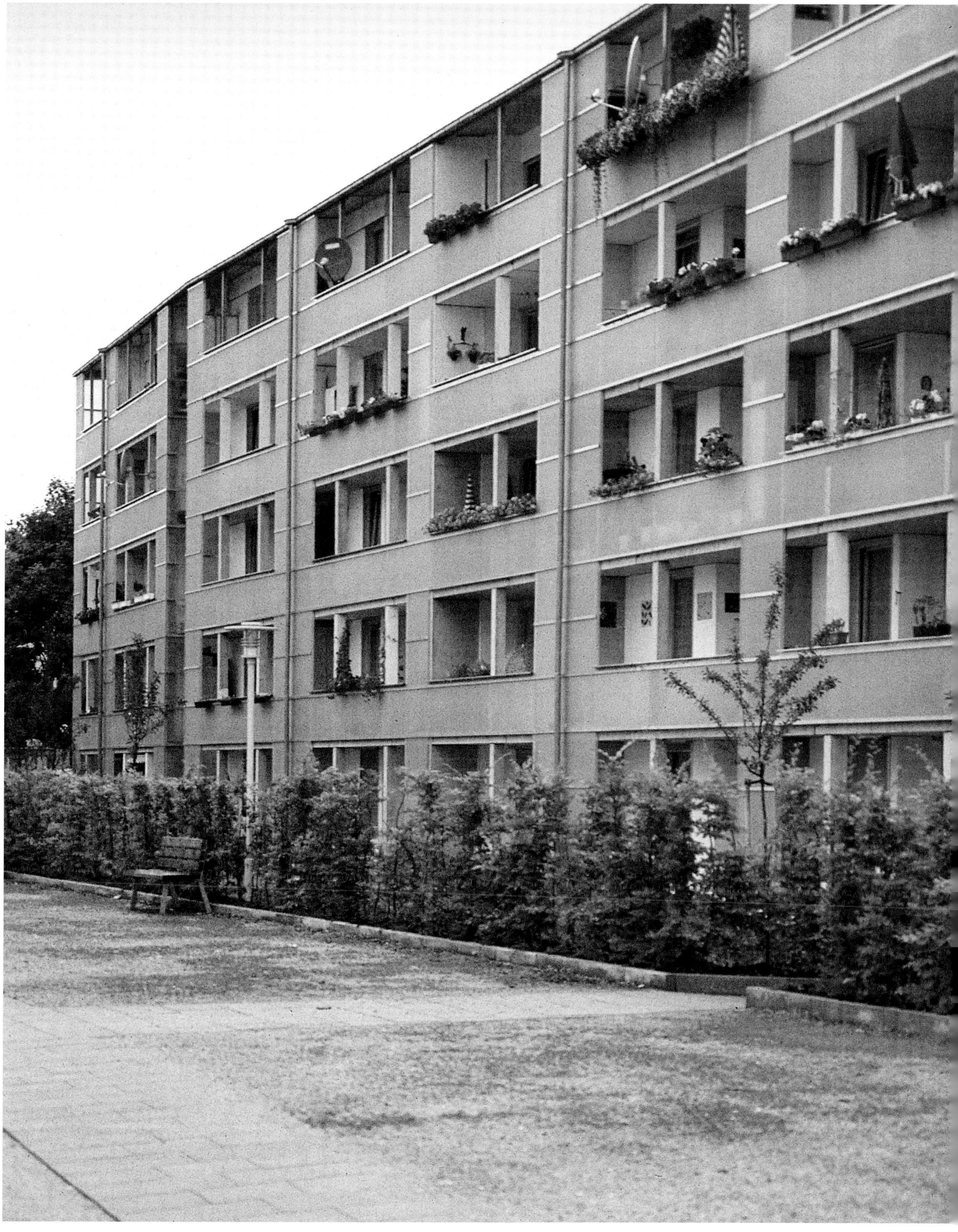

Unverwüstlich: die Glasverkleidung

Dachaufbau
Aluminium Profilblech
Bitumenbahn mit Einlage
Schalung 24mm
Sparrenpfetten 80/120 auf
Stuhlbalken 80/140
Hinterlüftung
Wärmedämmung 80 – 120 mm
Stahlbetondecke, teilvorgefertigt 180 mm

Deckenaufbau:
Linoleum
Schwimmender Estrich 50 mm
PE-Folie
Trittschalldämmung 40 mm
Stahlbetondecke, teilvorgefertigt 180 mm
Spachtelung und Anstrich

Decke Loggia/Laubengang:
Stahlbetonfertigteil 220 – 250 mm

Außenwand (Süd/Nord) F 90:
Zementgebundene Holzfaserplatte 15mm
Gipskartonplatten 2 x 12,5 25 mm
Metallständerwand,
Mineralwolle-Dämmung 100 mm
Gipskartonplatten 2 x 12,5 25 mm
mit Alu-Dampfsperre zwischen den Platten

Außenwand Loggia/Laubengang
Stahlkonstruktion, verzinkt
Drahtglas (Difulit)

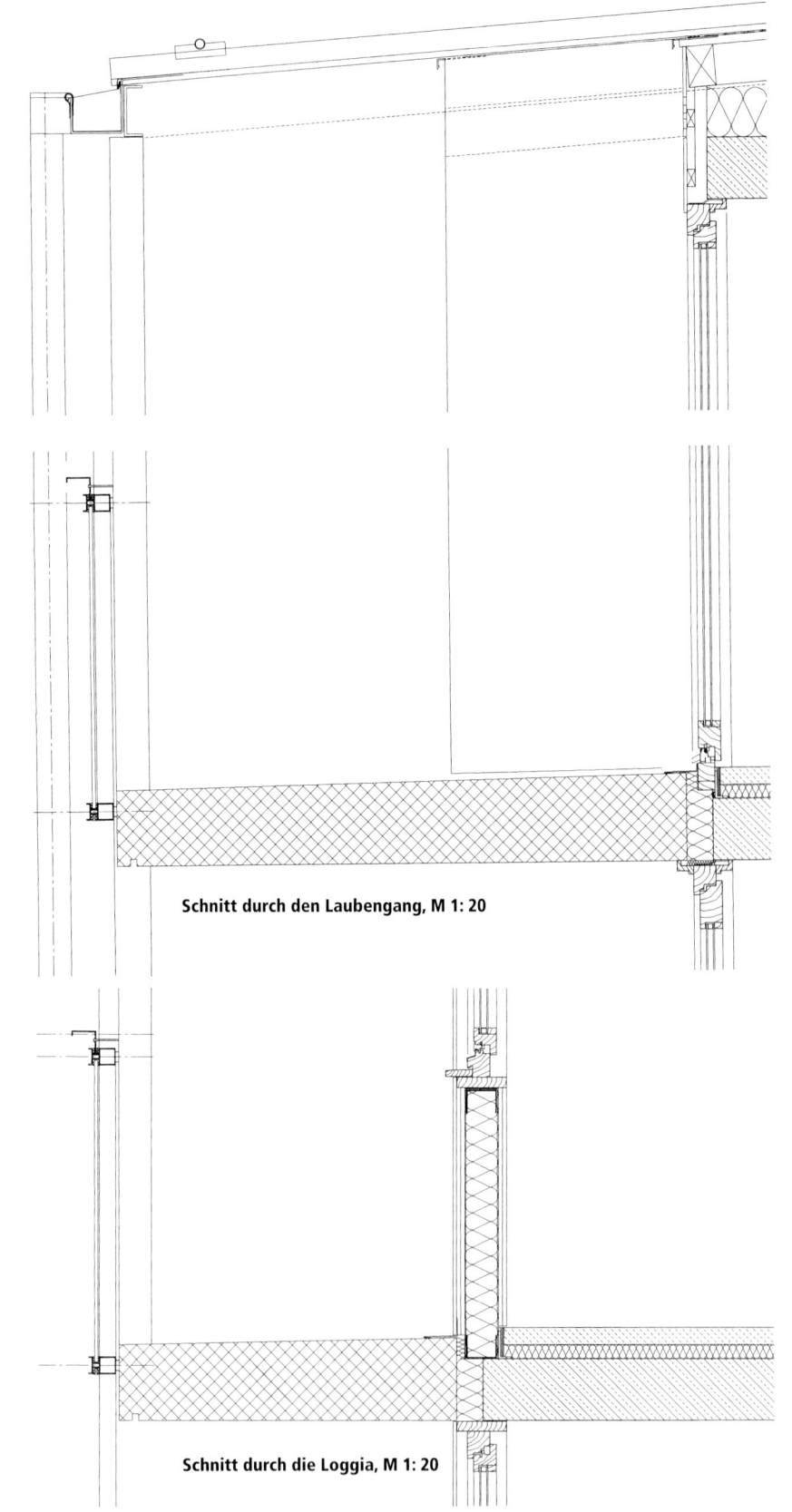

Schnitt durch den Laubengang, M 1: 20

Schnitt durch die Loggia, M 1: 20

Wohnungsbau in Regensburg

Querschnitt mit Tiefgarage, M 1:500

Bauherr: Stadtbau GmbH, Regensburg
Baukosten: 1718 DM/m² Wohnfläche
Fertigstellung: 1998

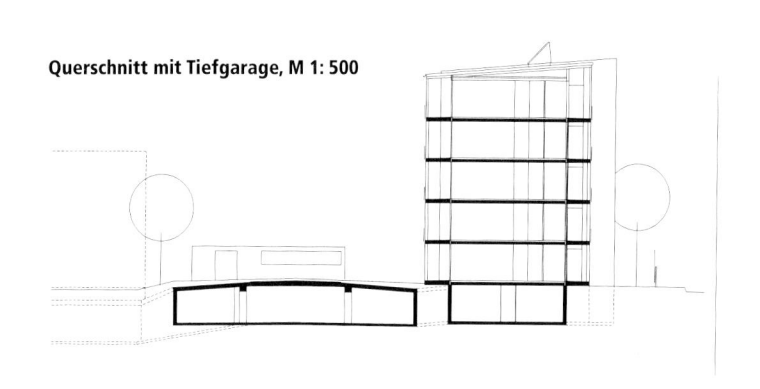

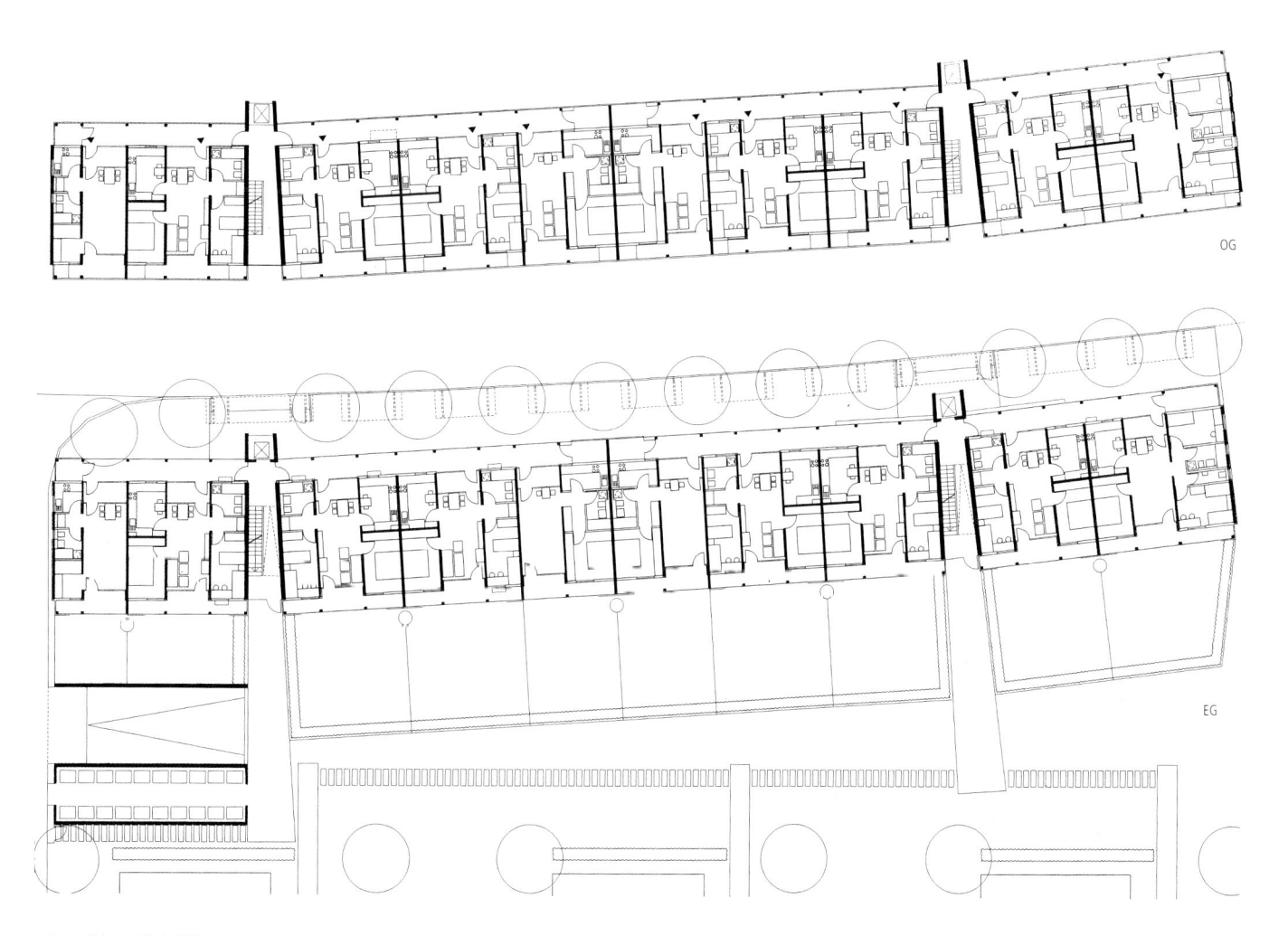

OG

EG

Grundrisse, M 1:500

Urban und flexibel

Wohnquartier am Kronsberg in Hannover
Architekten: Fink + Jocher, München

Städtischer Rhythmus: die Hauptstraßenfront

In Verbindung mit der Expo 2000 verwirklicht die Stadt Hannover die – seit Jahrzehnten immer wieder erwogene – Bebauung einer ihrer letzten zusammenhängenden Freiflächen: In direkter Nachbarschaft zum Messegelände, am Westhang des Kronsberges, entsteht ein nach diesem benannter neuer Stadtteil mit – im Endausbau – 6 000 Wohnungen für 12 000 bis 15 000 Einwohner. Das städtebauliche Konzept des Vorzeigeprojektes sieht eine Stadtbahn-Erschließung am Westrand der schachbrettartig gegliederten Baufelder vor. An diesem Verkehrsband erreicht die Bebauung ihre größte Dichte, die dann bis zu Reihenhauszeilen am oberen Ende abnimmt. Das hier gezeigte Gebäude mit 87 Wohnungen, Gemeinschaftseinrichtungen und Läden ist Teil des »Kronsberg-Karrees«, eines unter zwei Architekturbüros aufgeteilten Baublocks mit gemeinsamem Innenhof an der Nordwestecke des Stadtteils. Da es sich um den ersten und einen besonders sichtbaren Hochbau im Gebiet handelte, knüpften Stadt und Bauherr hohe Erwartungen an das Projekt. Nachdem das Ensemble fertiggestellt ist, gut ein Jahr bevor die Architekturtouristen in die Stadt einfallen, läßt sich bilanzieren: die Erwartungen wurden erfüllt. Nicht nur von außen, auch im Inneren bieten die Gebäude überzeugend Neues.

Die reduzierte, klare Formensprache der Architekten und ihr Geschick, äußerst sparsam zu bauen, tritt hier anders in Erscheinung, als man es von früheren Wohnbauten des Büros kennt. Zuerst fällt das Material auf: Nicht Holz, sondern Torfbrandklinker prägen das städtische Gesicht, eine Geste gegenüber dem Ort. Dahinter verbirgt sich ein komplett vorgefertigtes Stahlbetonskelett (also immerhin strukturell ein Bezug zum Holzbau, der bei Gebäuden dieser Höhe ohnehin nicht zulässig wäre). Am Innenhof dann ist

Die Blockecke von Nordwesten

Gesamtplan des neuen Stadtteils Kronsberg (oben links in Grau das gezeigte Gebäude)

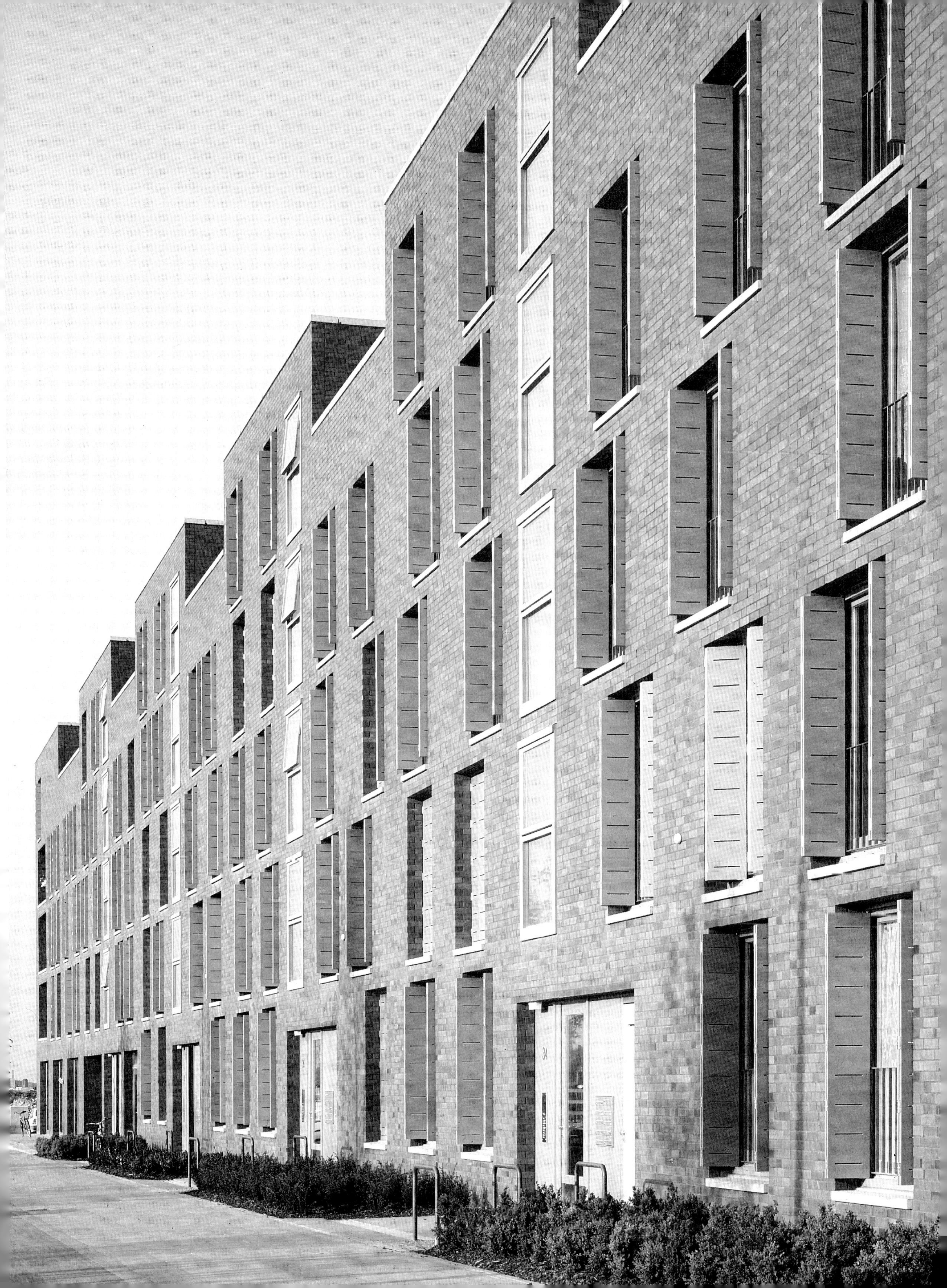

die Fassade aus Holz, geschützt durch eine umlaufende Balkonkonstruktion. Harte Schale, weicher Kern! Das gilt jedoch nicht nur für die Figuration als Ganzes, sondern auch für die innere Aufteilung der einzelnen Wohnungen. Mag die kubische, serielle Ästhetik zu dem Kurzschluß verleiten, hier seien lauter identische Zimmer im Schachtelformat zu beziehen, so widerlegt ein Blick auf die Grundrisse diese Vermutung: Die Wohnungen sind intern nur durch die Treppenhäuser und die Installationen vorbestimmt; alles andere ist individuell einteilbar: »Nutzungsplattformen mit geringstmöglicher Determination« nennen es die Architekten und spielen einige Möglichkeiten durch, wie Wände, Küche und Naßzelle zur Raumbildung dienen können. Die großzügigste Variante ist das »Loft«, und tatsächlich erinnert das Äußere des Blocks auch an Industriefassaden – wären da nicht die fein detaillierten Fensterläden und das Leben hinter den robusten Fronten, auf den Straßen, in den Tordurchgängen und auf den zur Sonne orientierten Dachterrassen. Hätten doch noch mehr Architekten im neuen Stadtteil diese vielschichtige Disziplin und Klarheit an den Tag gelegt!

Nur am Rande sei erwähnt, daß die gewählte Form ein sehr günstiges Verhältnis von Volumen zur Hüllfläche aufweist und so – ohne weitere technische Vorrichtungen – der Standard des Niedrigenergiehauses unterschritten wurde.

Die metallenen Klappläden...

... und die Senk-Klapp-Fenster

Wohnquartier in Hannover 85

Durchblick von der Straße in den Hof

Grundrißlich stets ein Problem: die Innenecke eines Blocks

Bauherr: Gesellschaft für Bauen und
Wohnen mbH, Hannover
Generalunternehmer: Philipp Holzmann AG,
Hannover
Architekten: Fink + Jocher, München,
Dietrich Fink und Thomas Jocher
Mitarbeit: Ivan Grafl, Ulrike Wietzorrek,
Rüdiger Krisch
Bauphysik, Bauökologie: Institut für
Bauforschung e. V., Hannover, Joachim Arlt
Landschaftsarchitekt: Martin Diekmann,
Hannover
Fertigstellung: 1999
Standort: Oberriedentrift, Feldbuschwende

OG

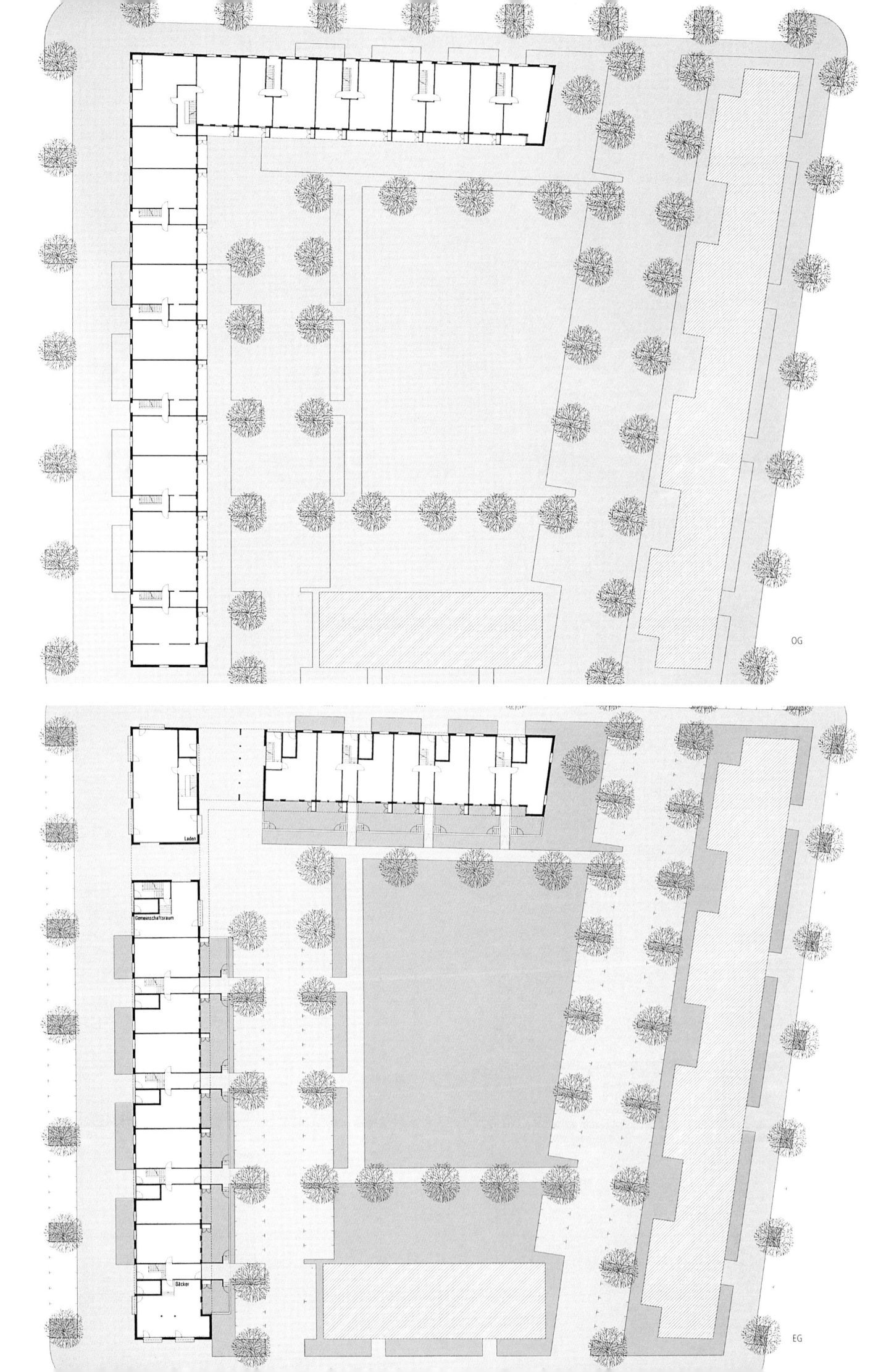

EG

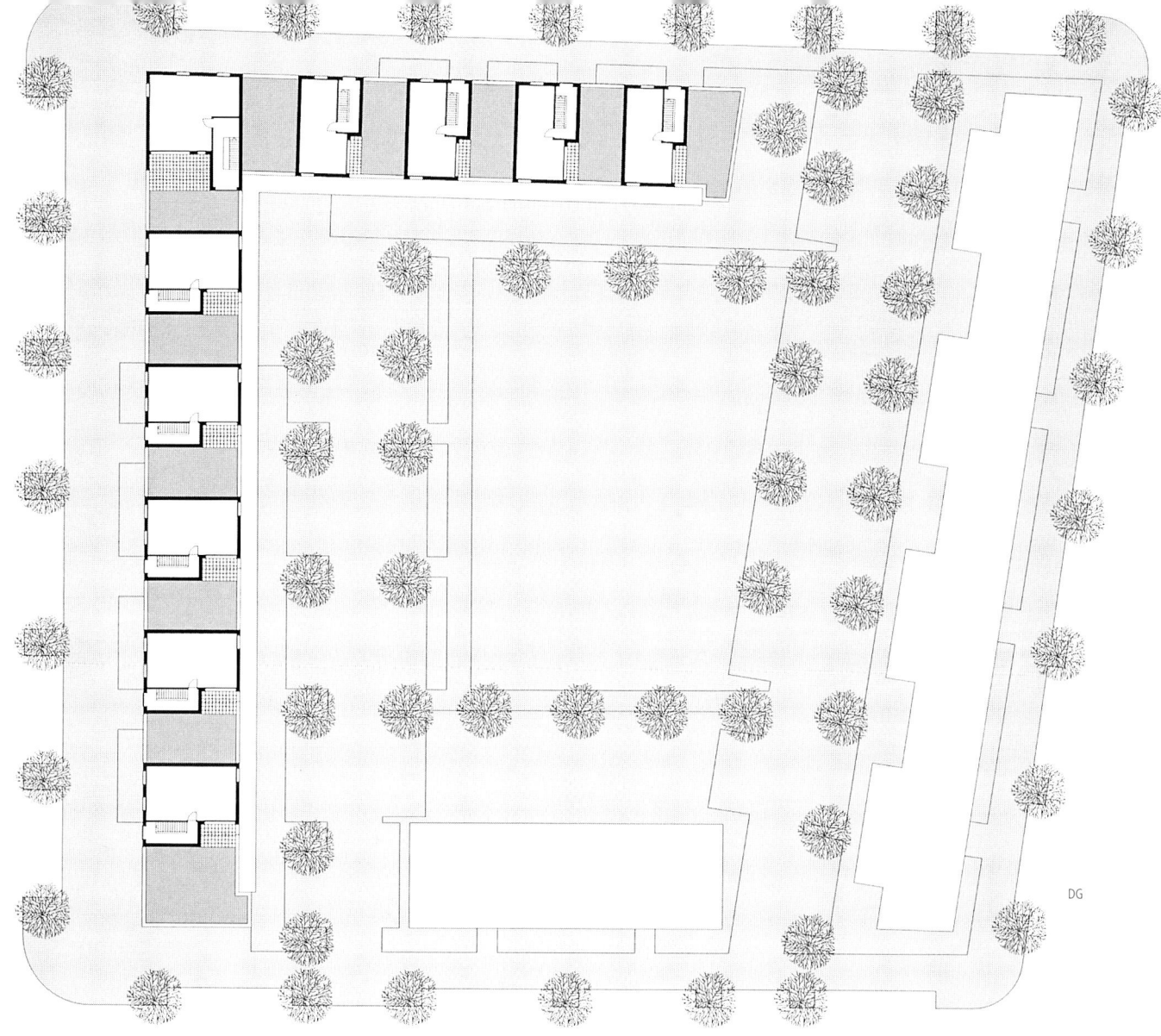

Grundrisse, M 1: 1000

Variationsmöglichkeiten der Grundrisse, M 1: 500

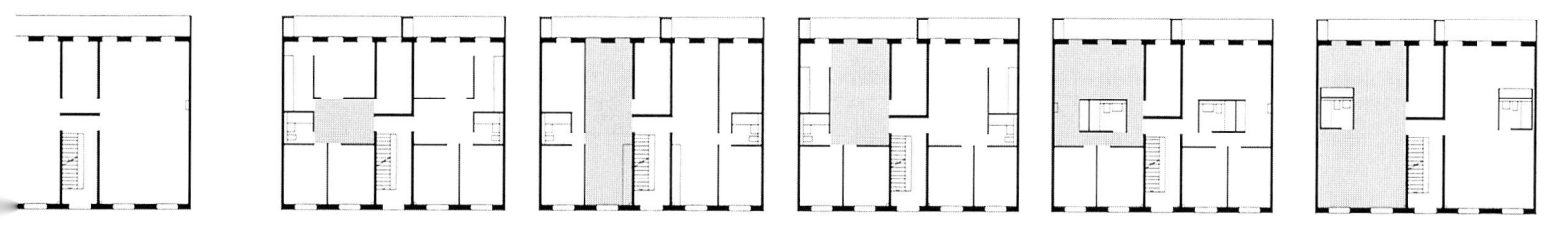

Skulptur zum Wohnen

Wohnbebauung am Steinberg in Berlin-Weißensee
Architekt: J. F. Vorderwülbecke, Berlin

Unter dem Druck zur Rationalisierung ist der Wohnungsbau in den letzten Jahren immer rechtwinkliger, schachtelförmiger geworden. Die Modeströmung der »Neuen Einfachheit« adelte die Not sogar zur Tugend.

Daß ein Wohnhaus auch als differenzierte Form, als aus unterschiedlichen Gliedern gefügter Bau-Körper aufgefaßt werden kann, wagen viele Architekten, und erst recht die Bauträger, gar nicht mehr zu denken – wenn sie es je gelernt haben: prägte doch das Schachtel-Ideal des Bauhauses ganze Generationen von ihnen.

Ausgerechnet in Berlin, dessen Senatsbaudirektion die architektonische Experimentierlust durch preußisch-rigide Gestaltungsregeln im Keime zu ersticken sucht, ist so ein untypischer Wohnungsbau jetzt entstanden.

Im Bezirk Weißensee, an der Prenzlauer Promenade, war durch die Auslagerung einer Fleischfabrik (»Elite Feine Fleischwaren«) ein großer, gründerzeitlicher Baublock neu zu beplanen. Einige erhaltene alte Mietshäuser mit ihren Stuckfassaden und Hofdurchfahrten definierten die Baukanten und -höhe des im Umriß dreieckigen Blocks. Die Neubebauung fügt sich in diesen Kontext ein, folgt gestalterisch aber einem ganz anderen Duktus: Spitzen, Schürzen, Schrägen und Nasen aus Blech und Beton beleben die Fronten, die damit der Herkunft des Wortes »Fassade« (lateinisch facies, Gesicht) nahekommen.

Diese überraschend plastische Durchbildung der Baukörper steigert sich sogar noch, wenn man, neugierig geworden, die mächtige Öffnung an der Straße Am Steinberg durchschreitet. In der Passage und an den nun zugänglich gemachten, zerklüfteten Höfen entfaltet die Bebauung expressionistische Züge, Assoziationen an den Film »Metropolis« und die Visionen Bruno Tauts stellen sich ein.

Das Formengewitter entstand, man glaubt es kaum, nach den Regeln des Sozialen Wohnungsbaus (im zweiten Förderweg) und birgt ausgesprochen gut nutzbare Grundrisse. Trotz der hohen Baudichte bieten die kleinteilig zerklüfteten Fassaden viele Bezüge zum Außenraum, dessen Gestaltung ebenfalls dem Splittermuster folgt. In der auf 16 Einzelhäuser und eine Ladenpassage verteilten Bebauung gleicht kein Platz dem anderen. Während drei Jahren Planung haben die Architekten mit Hilfe des Computers die komplizierten Formvorstellungen wahrlich mustergültig zur Baureife entwickelt, und dann dauerte es noch einmal über drei Jahre, bis die 45 771 m² Nutzfläche gebaut waren.

Lageplan, M 1: 1000

Wohnbebauung in Berlin

Formengewitter: Blick empor im Hof

Rechtwinklige Blockecke

Gebäudetypologisch lassen sich die sieben-, acht- und zehngeschossigen Gebilde nur schwer einordnen: Teilweise gibt es geschwungene Laubengänge, an denen bis zu sieben Wohnungen über einen Aufzug erschlossen werden. Lift und (Wendel-)Treppen liegen dann geschickt im Zwickel zwischen Vorderhaus und Hoftrakt, das berüchtigte »Berliner Zimmer« wird so vermieden. Andere Häuser folgen einem Spännerkonzept, doch ist auch hier die Erschließung fein differenziert. Die Wohnungen selbst enthalten dann erstaunlicherweise viele gerade Wände, doch rechte Winkel sind hier eine Seltenheit. Man fühlt sich an Hans Scharouns Wohnhochhäuser der fünfziger Jahre erinnert, hier noch gesteigert um die Theatralik der Eckbalkone – welch erhebendes Gefühl für einen Sozialmieter, hier zu sitzen! Verständlicherweise kostete es wenig Mühen, die 563 Wohnungen zu vermieten. Doch hören wir zum Schluß noch die Architekten:

»Durch grenzüberschreitende Lebendigkeit möchten wir die Menschen dazu herausfordern, sich von kategorischem Schubladendenken und hierarchischen Organisationsformen zu trennen. Die Architektur gibt uns die Möglichkeit zurück, das Leben individuell zu gestalten. Raum ist das Mittel dazu, Zeit das Maß, in dem der Mensch seine Veränderung erlebt... Wohngebäude müssen kommunizierende Gebilde sein, denn Menschen wollen ein lebensbejahendes Umfeld.«

Mit skurrilen Mützen: Erker an der Hauptstraße

Die Alt und Neu integrierende Rückseite des Blocks

Wohnbebauung in Berlin **91**

Wie ein Bug: Balkon am Hof

Die mächtigen Betonpfeiler an der Passage

Bauherr: Falk, Arnan, Gleich, Vorderwülbecke, Berlin/München
Mitarbeit:
S. Vukovic, I. Rogulj, H. Pfriem, J. Sherring
Nutzfläche: 45 771 m² (davon 42 632 m²
in 563 Wohneinheiten und 3 139 m² Gewerbe
in 24 Einheiten)
Bauzeit: 1996–99
Standort: Am Steinberg, Berlin-Weißensee

Grundrisse der Gesamtanlage, M 1:1000

OG

EG

Wohnbebauung in Berlin 93

Jeder Flügel sieht anders aus: am Innenhof (oben und Bilder unten)

In der Passage

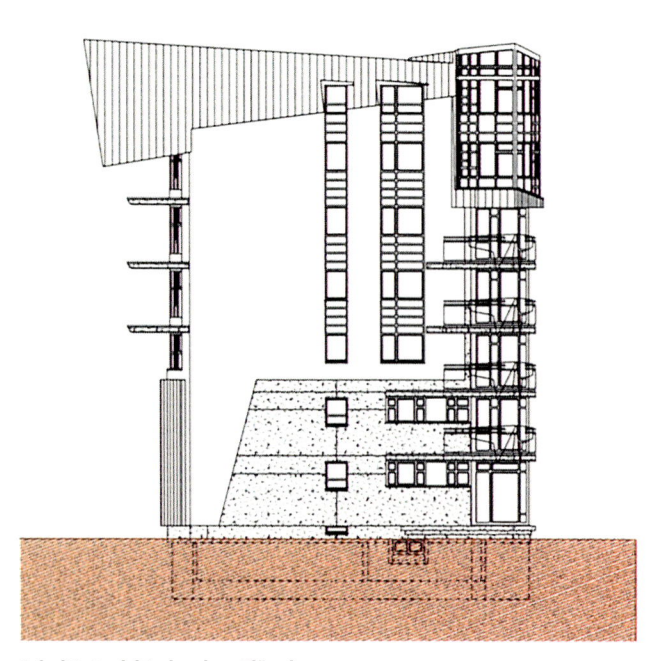

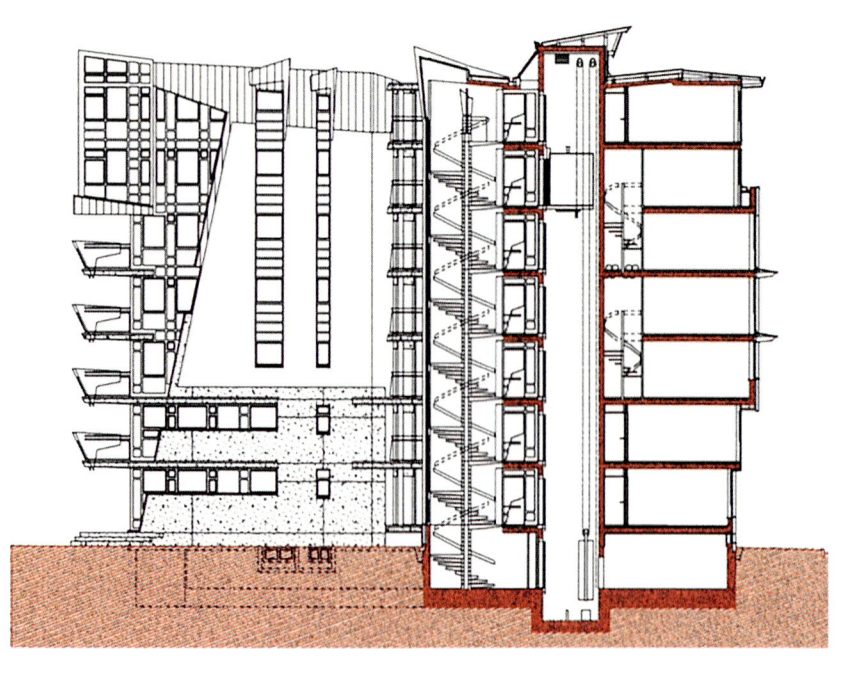

BLÖCKE

Schnitt, Ansicht einzelner Flügel

Grundrisse zweier Flügel, M 1:400

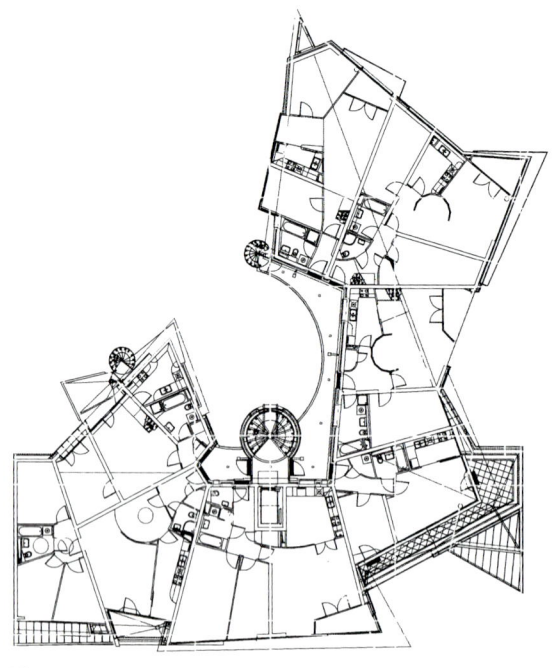

DG

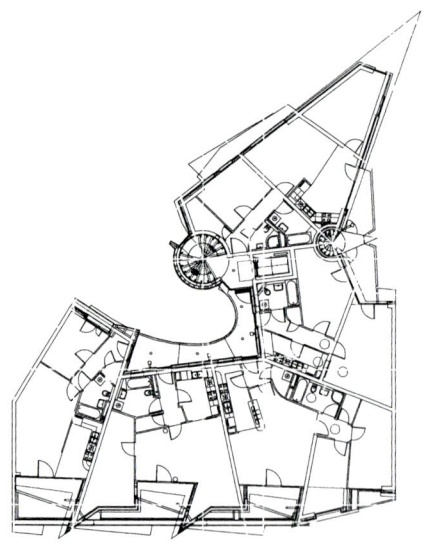

DG

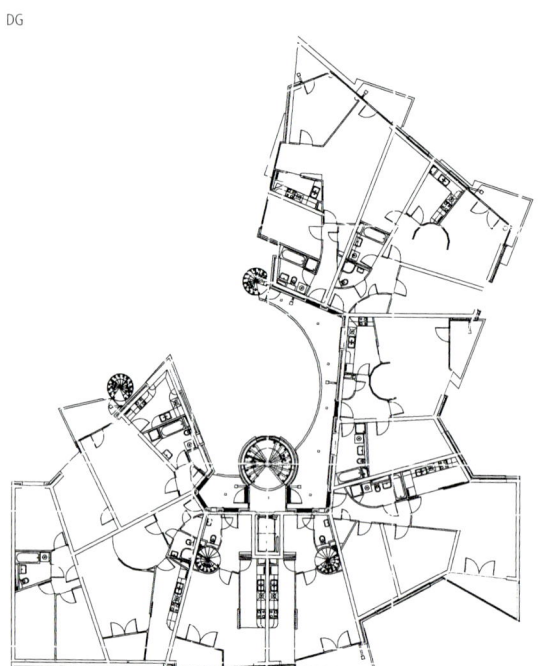

3. OG

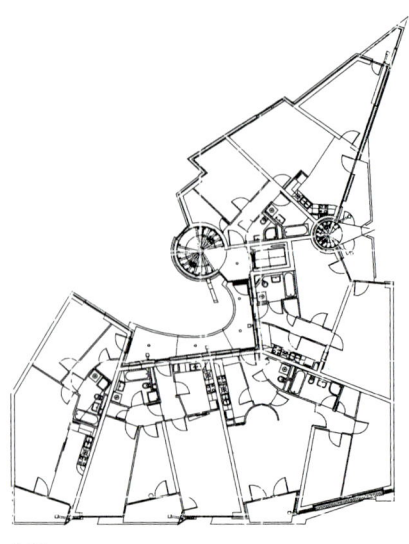

2. OG

Wohnbebauung in Berlin

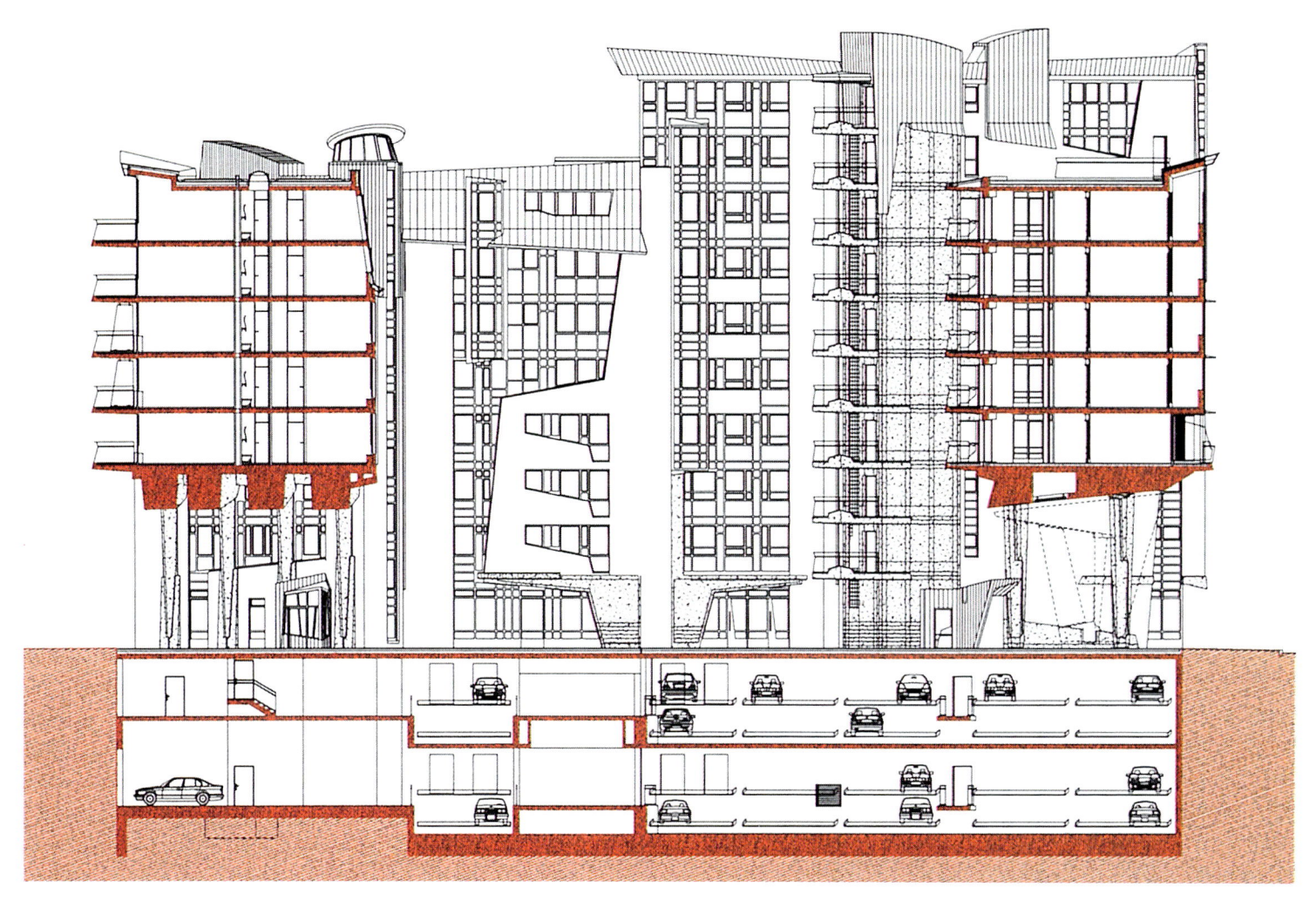

Querschnitt durch die Passage, M 1: 400

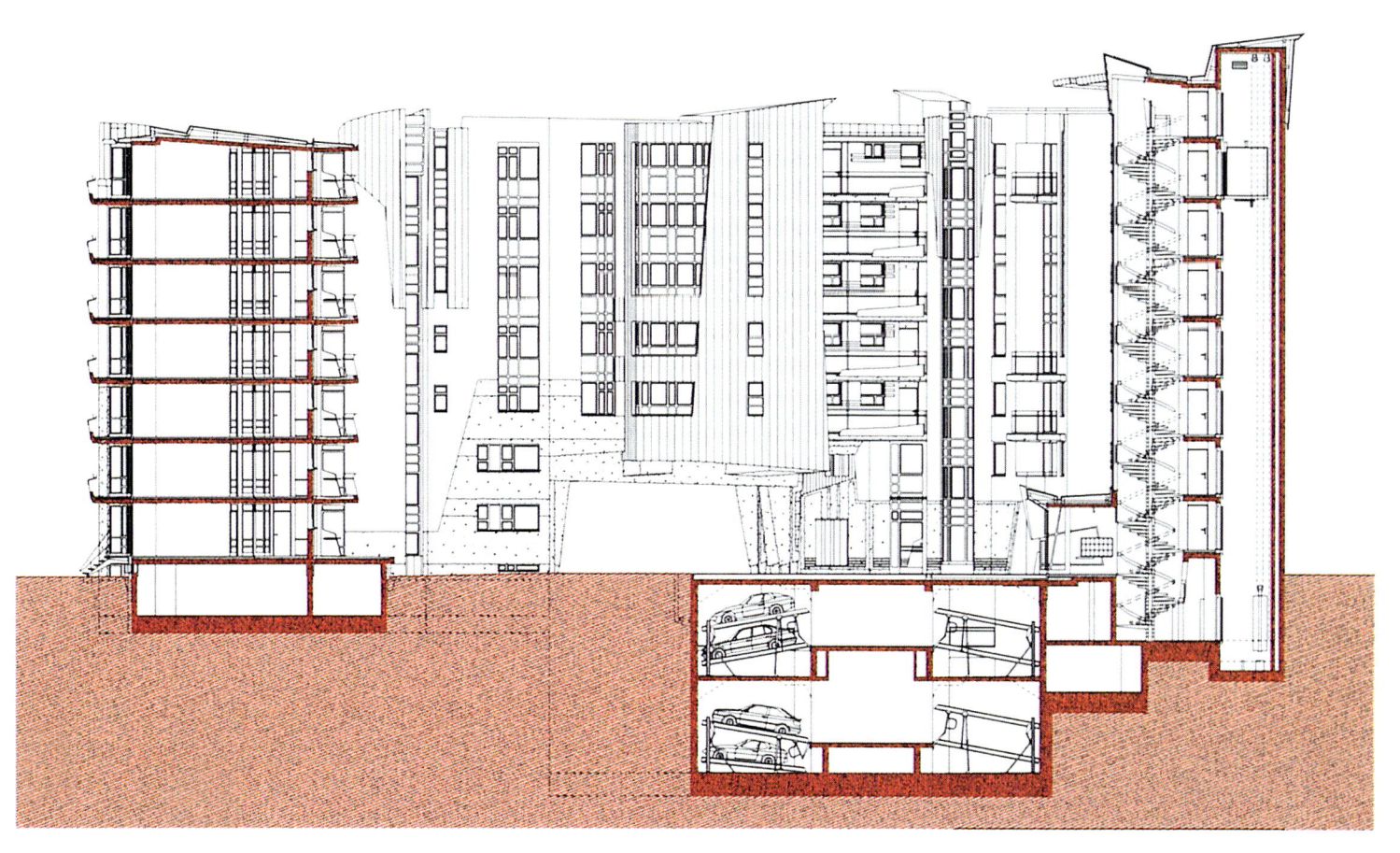

Querschnitt mit Blick auf die Passage, M 1: 400

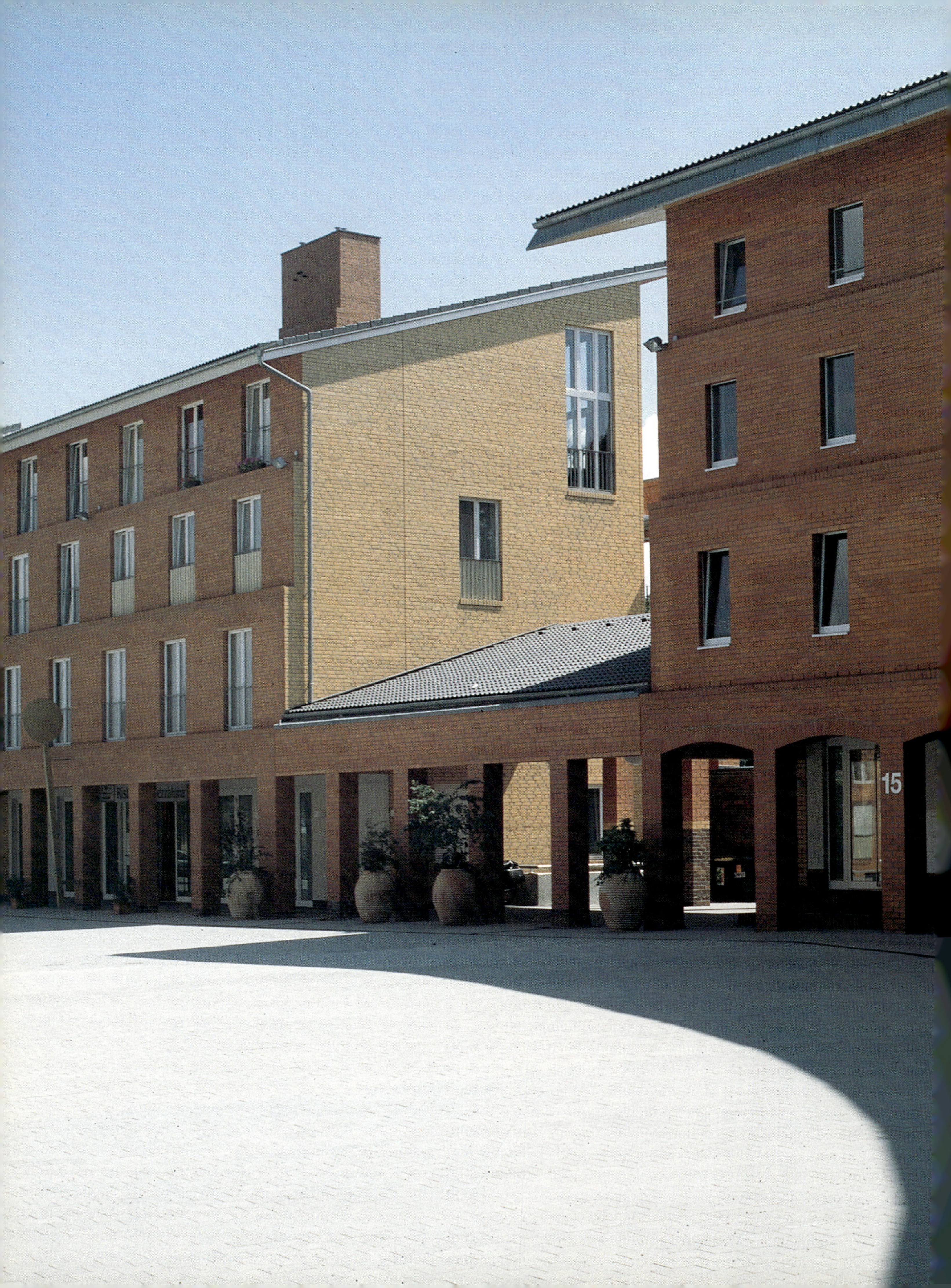
15

BLÖCKE

Geplante Lebendigkeit
Parkstadt Unterliederbach (I), Frankfurt am Main
Architekt: Wolfgang Rang, Frankfurt am Main

Dieses Beispiel paßt so gar nicht in die derzeitige Bau-Landschaft aus »Fast-Track«-Projekten und rigiden Rationalisierungsbestrebungen in der »Wohnungsproduktion«. Glaubt man den Manifesten seiner Planer, so geht es hier nicht in erster Linie um Wohnungs-, sondern um veritablen, also auch künstlerischen Städtebau. Nicht allein verwertbare Objekte sollen hier entstehen, sondern – und in erster Linie – Räume. Um diese Räume wird die Bebauung gleichsam herummodelliert, jedes Haus, jeder Platz wird auf diese Weise anders, besonders – das mögen die Rationalisierer gar nicht. Diese Haltung gab es bereits in früheren Zeiten, insbesondere im Barock mit seinem Anspruch auf ein Gesamtkunstwerk. Heute gehört schon ein außergewöhnlicher Wille dazu, sich auf »Mannigfaltigkeit und Kleinteiligkeit« zu berufen. Doch der erste Abschnitt der »neuen alten Stadt« ist fertiggestellt
   Grund genug, nach den Motiven und Maximen zu fragen, nach denen die »Parkstadt Unterliederbach« gebaut wird.
Bereits seit den siebziger Jahren ist das Areal zwischen den Industriewerken Hoechst und der Autobahn A66 Gegenstand von Neubauplanungen. Anfangs standen hier noch große Silos der Farbwerke, darum hieß der bis 1981 geplante Siedlungssatellit schlicht »Silogebiet«. Derlei Verdichtungen gerieten im Zuge der konservativen Wende Anfang der achtziger Jahre in Mißkredit, so daß die Planer auf Ein- und Zweifamilienhausgruppen umdisponierten. Bis 1992 war diese »Gartenstadt Hoechst« das Ziel – auch sie wurde aber nie begonnen.
Seither, die Bedarfsprognosen legten es nach der deutschen Einheit allenthalben nahe, wurde wieder »draufgesattelt«: Die »Parkstadt Unterliederbach« soll ein neuer Stadtteil für 10 000 Einwohner werden, in dem auch öffentliche Einrichtungen, Läden, Büros und nichtstörendes Gewerbe vorgesehen sind. Zunächst begann man 1995 mit dem Bau eines ersten, 900 Wohnungen sowie Kita, Läden u. a. umfassenden Bauabschnittes.
Der steht jetzt – wegen stockender Baukonjunktur – etwas fragmentarisch inmitten brachliegender Wiesen, lohnt aber eine nähere Betrachtung.

»Wachstum braucht Regeln«

»Unser Ziel ist es, eine Stadt zu bauen, in der man sich wohlfühlt,« schreiben die Planer, »das heißt, einen Ort zu schaffen, der auf die Gefühlswelt des Betrachters und Nutzers eingeht und in dessen Wahrnehmungsverhalten und Lebensreaktionen Zustimmung hervorruft... Neben den materiell funktionalen Bedürfnissen müssen auch emotionale Bedürfnisse der einzelnen Altersgruppen berücksichtigt werden.« Die definierten die Planer anhand von vierzehn Kriterien, aus denen sich in Zusammenarbeit mit dem Stadtplanungsamt sowie den 18 an den weiteren Bauabschnitten beteiligten Architekturbüros ein »Netz von sich gegenseitig bedingenden Regeln« entwickelt hat.
Während die allgemeinen Bemerkungen über aneignungsfähige, einprägsame Räume keineswegs neu sind – sie erinnern etwa an Erkenntnisse der siebziger Jahre, wie sie Christopher Alexander in seinem Musterbuch »A Pattern Language« formuliert hat –, so wirken die konkreten Gestaltungsregeln doch auf eine sehr eigene »Linie« hin: Entlang einer ideellen Baulinie sind Vor- und Rücksprünge von drei Metern erlaubt; die Dachüberstände dürfen zwischen 0,60 und sechs Metern variieren; und, besonders auffällig, als Materialien werden – in Anlehnung an das Verwaltungsgebäude der Farbwerke Hoechst von Peter Behrens – ein einheitlich gelber und hellroter Klinker, Schmucksteine, schwarzer Dachstein und weiße Fen-

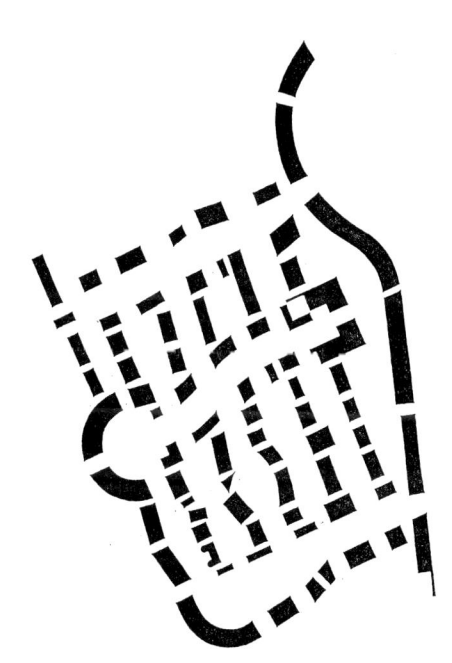

Schwarzplan der gesamten Gartenstadt

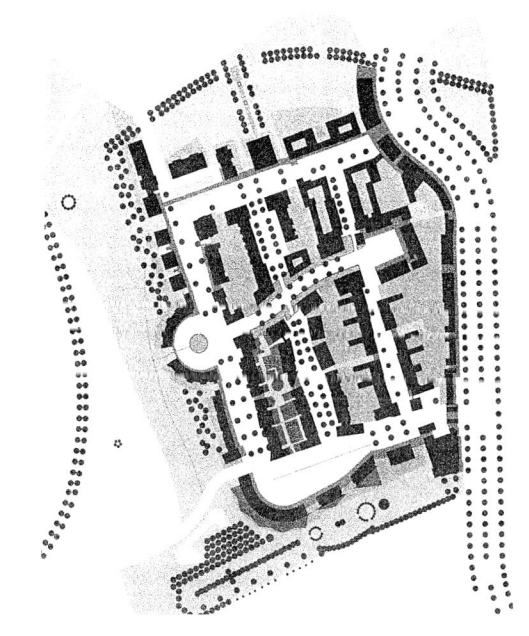

Grün- und Baustruktur

Gegenüberliegende Seite:
Arkade am Tropfenplatz

sterrahmen festgeschrieben. Viele historischen Städte kannten – aus Mangel oder aus Überzeugung – solche strikten Regeln, doch die aktuelle Kritik an diesem Raum-Kunstwerk ist dennoch triftig.

Was hier in Sichtweite von Frankfurts Highrise- und Hightech-Welt entsteht, ist eine geplante, ja eine inszenierte Lebendigkeit, und nicht die Gemeinschaft bauwilliger Bürger, sondern ein einziger (aufgeklärter) Bauherr und die von ihm bestimmten Gestalter setzen sich diesen Rahmen. Die Parkstadt folgt darin dem Trend zur Stadtentwicklung aus einer (privaten) Hand, wie er in den USA inzwischen längst üblich ist: Städte wie »Sea Side«, Disneys »Celebration« und zahlreiche neue »gated communities« führen vor, wo der Rückzug öffentlicher, demokratischer Kontrolle auch hierzulande einmal enden könnte.

Die Einsicht in die Gesetze des Stadt-Werdens – und in die Anmaßungen des üblichen »Städtebaus« – ist durchaus lehrreich und löblich. Was unterblieb, ist die Analyse der Gründe für derart lebendige Stadtbilder: Von feudalistischen Stadtentwürfen einmal abgesehen, entstanden Städte sämtlich aus einer hochkomplexen Vernetzung interessendivergenten Handelns. Weil diese hier nicht – wie etwa in der Tübinger Südstadt (siehe Seite 148ff.) – gewollt war, beschränkte man sich auf die Ebene der Ästhetik, des Designs. Nüchtern betrachtet, kann die pseudo-plurale Immobilie der Parkstadt also wohl nur *ein* – zugegeben illustres und durchaus wohnliches – Modell künftigen Siedelns sein.

Haus in der Seitenstraße

Ausschnitt der Arkade

Einfahrt in den Platz

Blick von Westen Richtung Tropfenplatz

Sockeldetail an einem Eingang

Bauherr: Hoechst Bauen und Wohnen GmbH
Städtebauliche Idee, Oberleitung und
Koordination: Harald Kloetsch, Wolfgang Rang
Bebauungsplan: Wolfgang Rang in Berghof
Landes Rang, seit Juli 1996 Atelier Wolfgang
Rang, Frankfurt am Main;
Mitarbeit: Bernd Gergull, Christa Kühn
Architekt 1. und 2. Bauabschnitt: Wolfgang Rang,
Mitarbeit: Thomas Baumgarten, Kim Duchscherer,
Bernd Gergull, Angela Keiser, Christa Kühn
Tragwerksplanung: Bollinger + Grohmann,
Frankfurt am Main
Stadtlicht: Christian Bartenbach, Innsbruck
Fertigstellung: 1999
Standort: Frankfurt-Unterliederbach

Grundriß der realisierten Bauten, M 1 : 1000, daneben die Umrisse weiterer Häuser

Der Block gegenüber der Arkade

unten:
Die Außenseite der Arkade

Neu definierte Dichte
Das »Bürgerparkviertel« in Darmstadt
Architekten: Rüdiger Kramm & Axel Strigl, Darmstadt

Der Begriff »Dichte« ist heute überwiegend negativ besetzt: Insbesondere im Wohnungsbau beschwört er Bilder von hypertrophen Betonburgen und Wohnsilos herauf, wie sie vor nicht allzu langer Zeit als »urban« galten. Viele der fortschrittlichen Zitadellen sind inzwischen als Ghettos und Problemgebiete verrufen, und die Städte parzellieren lieber ihr letztes Stück Restnatur für die stadtfluchtgefährdete Schicht der Besserverdienenden, als nochmals in derartige Experimente zu investieren. Angesichts wachsender Suburbanisierungstendenzen und – auch deshalb – anschwellender Verkehrsströme erscheint die Stadt als Wohnort ohnehin nur noch für eine eng begrenzte Altersgruppe attraktiv.

Eine Chance, diesen Teufelskreis zu durchbrechen, bietet ironischerweise die Krise der Stadt, wie sie seit dem 19. Jahrhundert bestand: Industrien, denen ihr Standort zu eng wurde, ziehen fort und machen Platz für neue Nutzungen. Hieß es bisher, die Stadt sei dicht, so tun sich nun ungeahnte Flächenreserven auf – sie wurden in den letzten Jahren zunehmend Gegenstand städtebaulicher Wettbewerbe, die Alternativen suchten zum Auseinanderdriften der Funktionen und zur Entdichtung der Stadt.

In Darmstadt ging es 1994 um die Fläche des aufgegebenen Schlachthofes. Anders als im auf Seite 96ff. dieses Buches dokumentierten Falle Frankfurts lag dieser in einer eher unwirtlichen Gegend, jenseits der breiten Schneise einer neuen Ringstraße, wo vorläufig noch Chemiefabrik, Bahnausbesserungswerk und Müllverbrennung den Ton (und den Duft) angeben – letztere liefert sogar die Wärme für das neu geplante Viertel. Schönfärberisch und überdies irreführend bekam das ringsum eingebaute, 3,5 ha große Gebiet den Namen »Bürgerparkviertel«. Von der Innenstadt ist es immerhin in nur zehn Minuten zu Fuß zu erreichen.

Die Architekten, Preisträger des städtebaulichen Ideenwettbewerbs, wurden 1995 mit der Realisierung des zentralen Teils im eigenen Quartierskonzept beauftragt. Die Umsetzung des 174 öffentlich geförderte Wohnungen sowie mehrere Läden, Büros und Dienstleistungen umfassenden Programms zeigt, daß positive Erlebnisqualität und Dichte auch im Neubau sehr wohl zusammengehen können – im Planungsjargon wurde inzwischen der Begriff »Erlebnisdichte« als neues Kriterium eingeführt.

Das für vorbildlichen Wohnungsbau bekannte Büro entwickelte auch hier eine gut durchdachte, differenzierte Anordnung des städtischen »Grundstoffs« Wohnraum. Im Grundsatz lassen sich drei Typen oder Bausteine unterscheiden: ein langgestreckter, achtgeschossiger schmaler Riegel in Nord-Süd-Ausrichtung, eine kürzere, ebenfalls achtstöckige Ost-West-Zeile mit tieferen Grundrissen sowie ein noch etwas kürzerer, viergeschossiger Nord-Süd-Typ. Typ 1 und 2 bilden gemeinsam zwei nach Südwesten offene, hohe L-Formen, die ruhige, grüne Höfe umschließen. Im westlichen dieser Höfe sind die niedrigeren Zeilen vorgelagert, den östlichen begrenzen die »Seuchenhalle« sowie die Anlieferungshalle als markante Relikte des alten Schlachthofs.

Prägendes Element der Wohnbebauung sind die großzügig verglasten Laubengänge, Balkone und Aufzüge sowie an den Nord-Süd-Riegeln eine durchgehende Attika-Verkleidung aus vorpatinierten Kupferplatten, die bereits aus der Ferne als Erkennungszeichen der Anlage dient.

Allein in den Achtgeschossern gibt es siebzehn Grundrißvarianten. Die oberen Stockwerke der übrigen Häuser enthalten Maisonetten; eine großzügige Dachterrasse über der Stadt und weitere Räume stehen der Hausgemeinschaft offen. Von den Erdgeschossen zugängliche Gärten bringen weitere Vielfalt ins Ensemble, und ihr Grün beginnt bereits die klare Kantigkeit der Baukörper zu mildern.

Identität stiften überdies die Spuren des alten Schlachthofes, die, vom Ruch des Unorts gereinigt, als kraftvolle Industriearchitektur überdauern – die Auslieferungshalle haben die Architekten respektvoll-edel für sich selbst umgebaut, in die »Seuchenhalle« zog eine Arztpraxis ein. Am Platze gibt es dank der Quartiersdichte einige »Wohnfolgeeinrichtungen«, wie man sie in Zeiten des Ladensterbens kaum mehr für möglich gehalten hätte.

Die nötigen Stellplätze wurden in einer als »Stadtmauer« interpretierten Hochgarage am Nordrand des Quartiers untergebracht, originell verknüpft mit einer vorgelagerten Gewerbezeile, welche die profane Nutzung stadtverträglich ummantelt.

Bedauerlicherweise dient dieser schlüssige Baustein nicht als Vorbild für die weitere Bebauung des Schlachthofareals: Abweichend vom städtebaulichen Wettbewerbsplan entsteht in Nachbarschaft zur strengen Randbebauung eine »Waldpyramide« des Wiener Künstlers Friedensreich Hundertwasser. Offenbar hat der neue Mut zur Dichte die Verantwortlichen bereits wieder verlassen.

Gerade angesichts der differenzierten, spannungsreichen Räumlichkeit des hier gezeigten Quartiers ist dieser Bruch nicht nachvollziehbar.

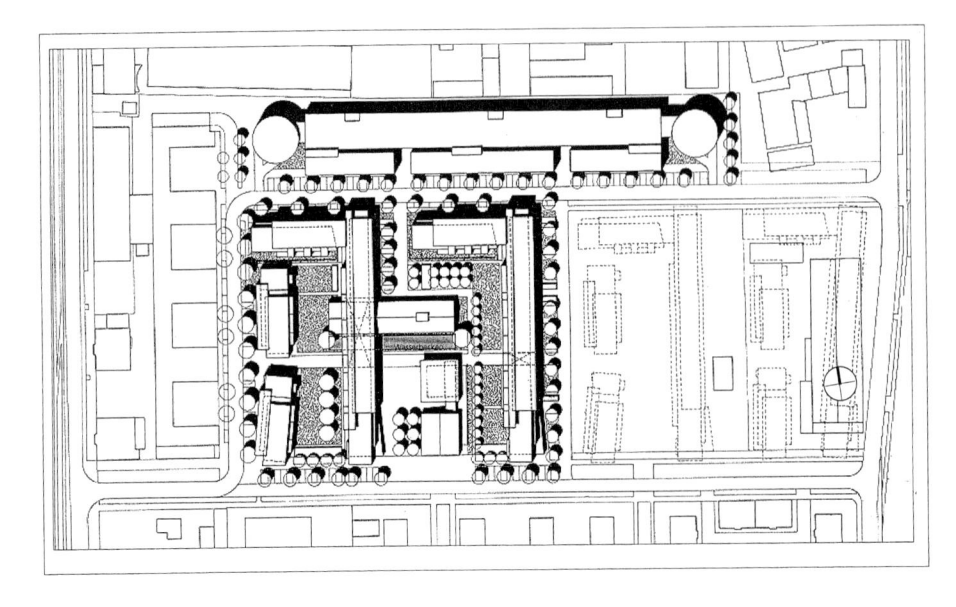

Lageplan, M 1: 1000

Das »Bürgerparkviertel« in Darmstadt 103

Der lange Riegel mit seinen verglasten Laubengängen und dem markanten kupferverkleideten Aufbau

Die Halle des alten Schlachthofes bildet mit dem Platz den Mittelpunkt des Quartiers

In der anderen, größeren Halle haben die Architekten ihr Büro eingerichtet

Bauherr: Bauverein AG, Darmstadt
Architekten: Rüdiger Kramm & Axel Strigl, Darmstadt
Mitarbeit (Wohnen, 2. BA): Henning Pretzsch (Projektarchitekt), Bruno Deister, Thomas Eckert, Hanspeter Müller, Thomas von Sierakowsky
Tragwerksplanung: Ingenieurbüro Lohwasser, Darmstadt
Baukosten: 2 550 DM/m² Wohnfläche
Wettbewerb: 1994 (ein erster Preis)
Fertigstellung: 1999
Standort: Frankfurter/Büdinger Straße, Darmstadt

Dichte Packung: Hofblick

106 BLÖCKE

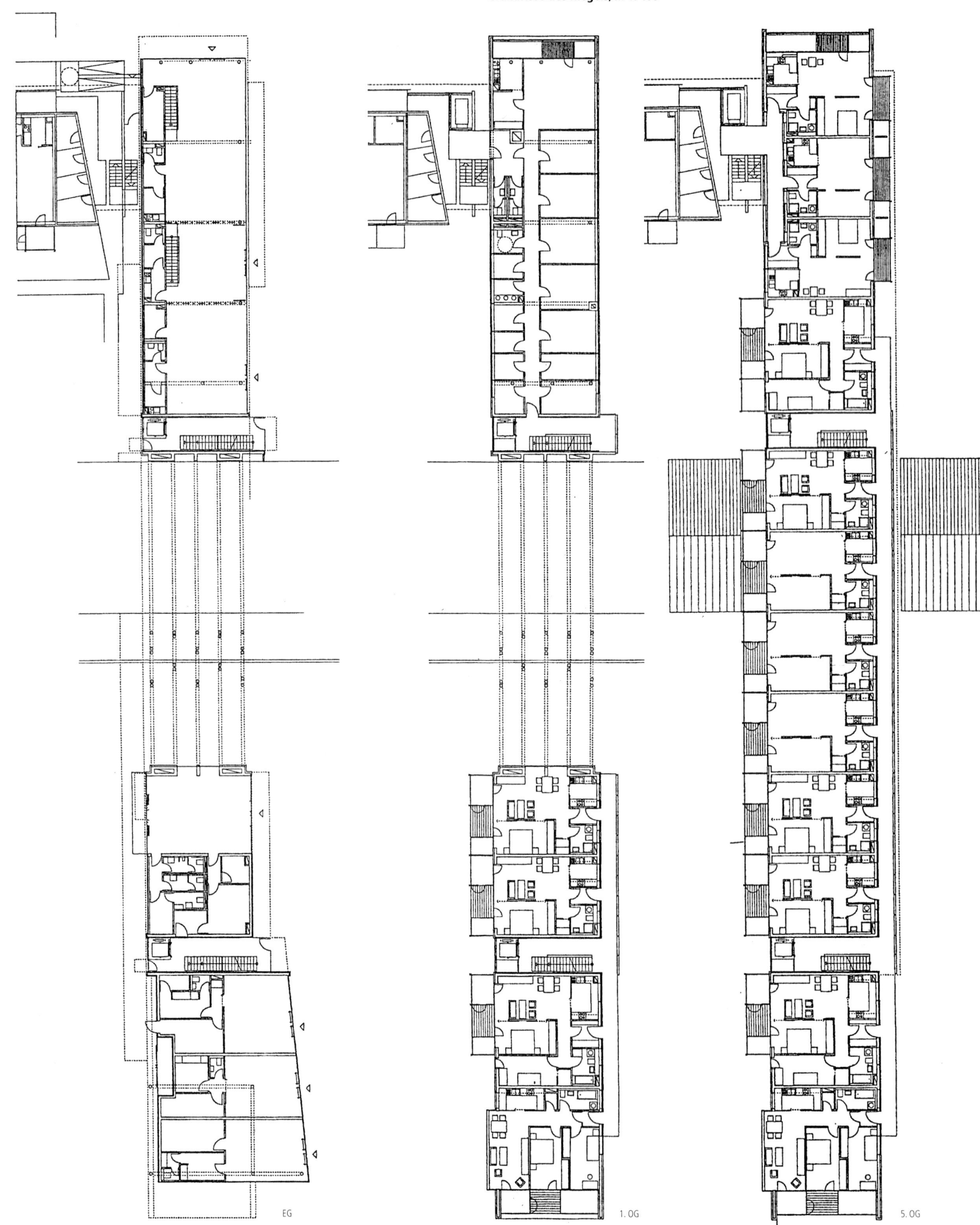

Grundrisse des Riegels, M 1: 400

EG   1. OG   5. OG

Das »Bürgerparkviertel« in Darmstadt 107

Grundriß des Ost-West-Typs, M 1: 400

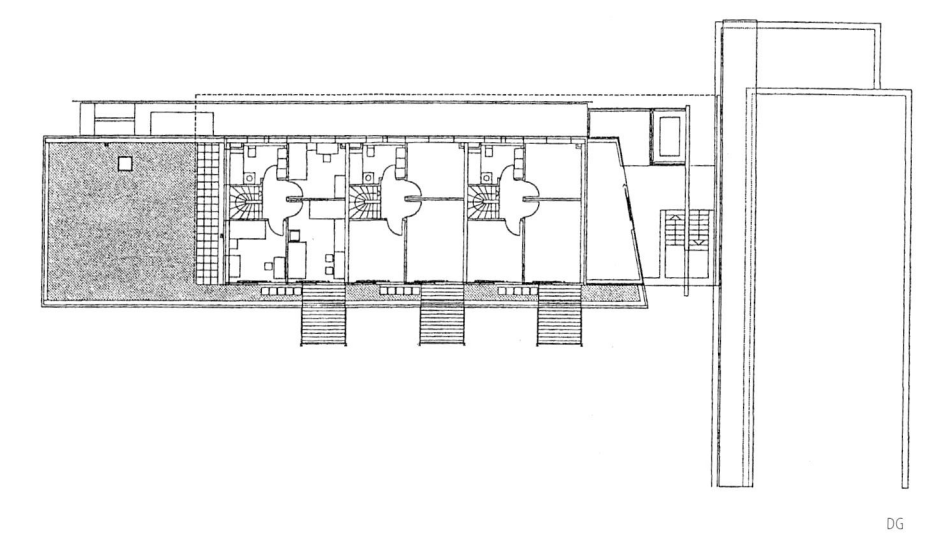

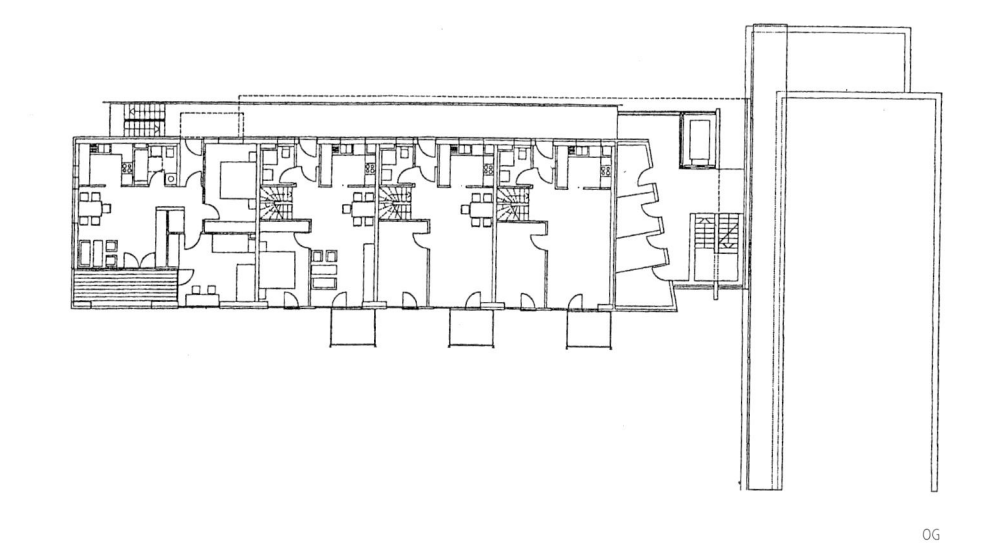

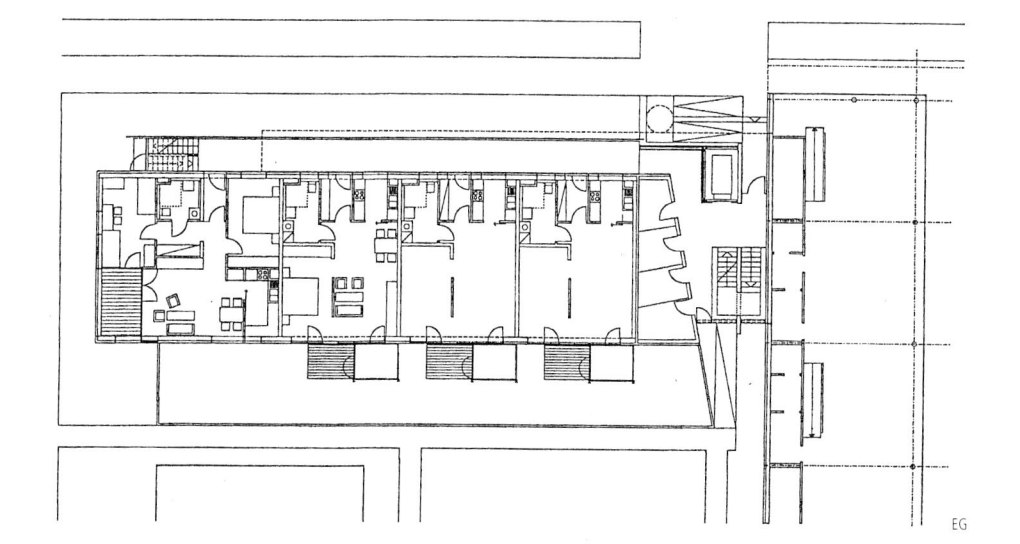

Der nördliche Eingang ins Quartier mit dem Ende des Riegels rechts und dem Laubengang eines Ost-West-Gebäudes

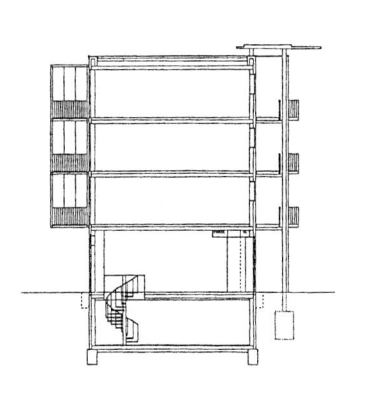

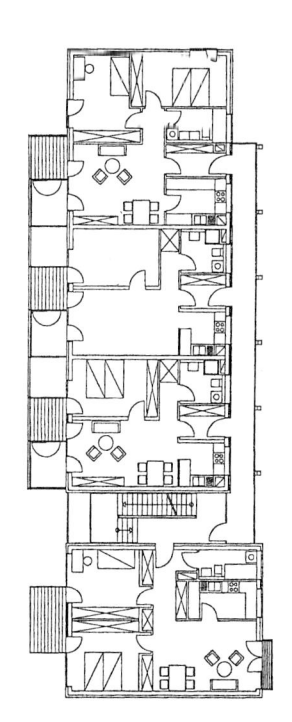

Grundriß eines Nord-Süd-orientierten Gebäudes, M 1: 400

Flexibel wohnen
Wohnanlage in Freiburg
Architekten: Planungsgruppe Integrale Architektur (P-I-A), Karlsruhe

Der Blockeingang von Norden

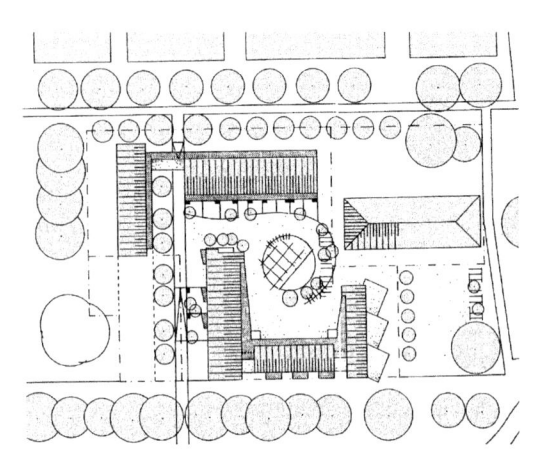

Lageplan (Endausbau), M 1:2000

»Genossenschaftlich Wohnen in Freiburg-Vauban« oder kurz GENOVA – so heißt die generationenübergreifende Hausgemeinschaft, die seit August 1999 Ernst macht mit dem etwas anderen Wohnen: Damit künftige Veränderungen in der Haushaltsgröße nicht gleich zum Umzug zwingen, wurden die Grundrisse von vornherein wandlungsfähig geplant.

Flexibilität war im Wohnungsbau der siebziger Jahre sehr gefragt. Um sie zu erreichen, wurden eigens Bausysteme entwickelt und Demonstrativbauvorhaben durchgeführt. Die Bilanz war jedoch zumeist ernüchternd: Entweder fühlten sich die »Nutzer« durch das Angebot totaler Veränderbarkeit überfordert, oder die Lösungen erwiesen sich technisch als noch nicht ausgereift – jedenfalls wurde die Wandelbarkeit der Wohngrundrisse nur selten in Anspruch genommen und die teure Idee wieder fallengelassen.

Inzwischen ist wieder viel von gesellschaftlichem Wandel, von Telearbeit und informellen Netzen im Wohnumfeld die Rede: Die Wohnung wird wieder wichtiger, und sie soll auf die Unwägbarkeiten der Lebensplanung reagieren können. Manches ist aber auch vorausversehbar: Wenn die Kinder aus dem Haus sind, stehen deren Zimmer oft leer; dagegen macht sich der Nachbar vielleicht gerade selbständig und braucht entsprechend mehr Platz. Was also tun? Die relativ kleinteiligen Schottenbauweisen, welche den Markt bislang aus Kostengründen dominieren, bieten in solchen Fällen wenig Spielraum für Veränderungen.

Fachleute fordern jedoch seit langem mehr nutzungsneutrale, anpassungsfähige Baustrukturen.

Wie hier eine Lösung aussehen kann, ohne gleich zu den üppigen Wohnverhältnissen der Gründerzeit zurückzukehren, zeigt das Bausystem von GENOVA: Zwei zwischen den Kern-Wohnungen angeordnete Schaltzimmer können je nach Bedarf der einen oder der anderen Wohnung »zugeschaltet« werden. Das funktioniert selbst im Rahmen eines rationellen Schottenbausystems, ohne Wände zu versetzen, schlicht durch das Austauschen von Türen.

Im Sommer 1997 fanden sich auf dem ehemaligen Kasernengelände im Freiburger Süden etwa einhundert Interessenten für die neue Wohngenossenschaft zusammen. Initiatoren waren das Forum Vauban e. V, das bei der Entwicklung des ringsum entstehenden Modellstadtteils die erweiterte Bürgerbeteiligung trägt, sowie das Diakonische Werk. Mit dem geplanten Geschoßwohnungsbau sollte ein gewisses Gegengewicht zu den im Gebiet vorherrschenden Reihenhäusern geschaffen werden, und es sollte auch entsprechend weniger zahlungskräftigen Menschen die Möglichkeit eingeräumt werden, die zu mietende Wohnung und ihr Umfeld mitzuplanen. Dabei zählte auch die Kooperation von Jung und Alt im Sinne eines »integrierten Wohnens« zu den Zielen. Im Gegenzug gewährte die Stadt einen Kaufpreisabschlag auf das Grundstück, und das Land gab Förderzusagen und zinsgünstige Darlehen.

Nach über einjährigen intensiven Diskussionen entstanden in einem ersten Bauabschnitt zunächst 36 Wohneinheiten, darunter zehn Sozialwohnungen und eine Gästewohnung, sowie ein Gemeinschaftshaus.

Die Anlage besteht bislang aus zwei konstrukiv identischen, vierstöckigen Laubenganghäusern. Sie sind über Eck miteinander verbunden durch einen Steg, an dem ein gemeinsamer Aufzug liegt. So konnte ein Großteil der Wohnungen ohne erheblichen Mehraufwand barrierefrei gestaltet werden. Weitere Bauabschnitte können das Projekt zu einer Art offener Blockstruktur komplettieren. Beide Gebäude haben eine öffentlichere Seite, an der die Eingänge liegen, und eine private Front mit gen Süden/Westen orientierten Balkonen oder Terrassen.

Die Südseite mit verschiebbaren Läden

Im Rahmen der klar seriellen Baustruktur konnten die künftigen Bewohner über Lage und Größe ihrer Wohnung selbst entscheiden. Das auf diese Weise entstandene Verteilungsschema gleicht in seiner Buntheit einem Kinderbaukasten – einstöckige und mehrgeschossige Einheiten von 45 bis 150 m² Wohnfläche liegen neben- oder übereinander – oder sind sogar über die dazwischenliegende Zone der Schaltzimmer miteinander verschränkt. So wurde der aus Fertigteilen für Decken, Fassaden und Bäder klar und kostengünstig zusammengefügte »Behälter« auf vielfältige Weise gefüllt.

Der kommunikative Laubengang wie die Zonung der Wohnungen kommen der gemeinschaftsorientierten Lebensweise der Genossenschaftler entgegen: Küchen und Schaltzimmer verfügen über eigene Fenstertüren zum Gang. Der Bereich der Schaltzimmer dient auch in der Fassadengestaltung als »Abstandsfläche«, als neutrales Territorium. Nach Möglichkeit wurde zudem vermieden, daß man auf dem Weg von den - frei vor den Laubengang gestellten – Treppen zur eigenen Wohnung an der des Nachbarn vorbeigehen muß. Gemeinschaft wird so nicht zum Zwang.

Auch auf der privateren Seite am Hof können bewegliche Paravents aus Lärchenholzlamellen vor Einblicken und zuviel Sonne schützen. Dem bei einer GFZ von über 1, 2 stets drohenden Dichtestreß wird so vorgebeugt und die Strenge der seriellen Konstruktion überdies durch wechselnde Fassadenschichten überspielt.

Wenige Monate nach dem Einzug hat sich bereits eine weitere, dritte Schicht aus individuellen Zutaten hinzugesellt: Spielgerät, Pflanztöpfe und Sonnenschirme »fahren herum«, ohne im Weg zu sein; für alle sichtbar, herrscht ein stetes Kommen und Gehen. Den Architekten ist hier, wie schon im Vorgängerprojekt, der Ökologischen Siedlung Geroldsäcker in Karlsruhe, ein klar und nachvollziehbar gefügtes, »bespielbares Haus« gelungen.

Anzufügen ist noch, daß GENOVA entsprechend dem städtebaulichen Konzept für das »Quartier Vauban« ohne Stellplätze auskommt. Bis auf einen Pkw ist die Genossenschaft sogar autofrei – die zentrale Lage und eine künftig in der Nachbarschaft verkehrende Straßenbahn machen dies möglich. Auch insofern ist das Genossenschaftsprojekt, an dem jedes Mitglied einen Anteil von am Ende 60 000 DM und 200 Stunden Selbsthilfe trägt, für den derzeit wenig innovativen Wohnungsmarkt wahrhaft außergewöhnlich.

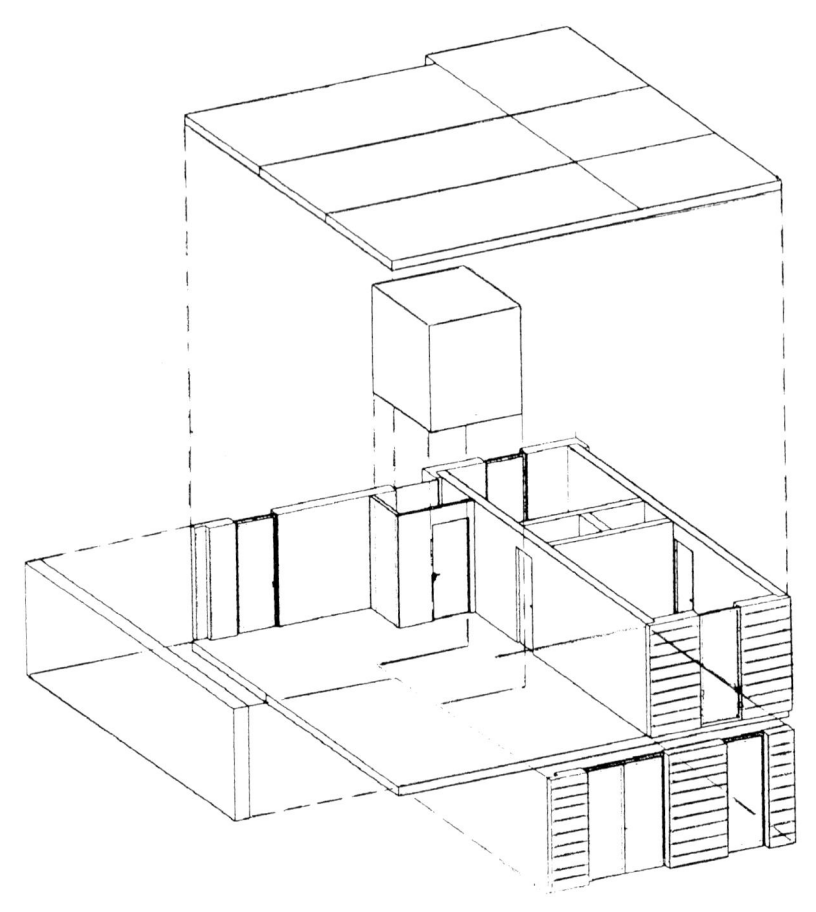

Bauprinzip

Nachbarschaft von Neu und Alt

Die Vielfalt der Wohnungen

Die offene Treppe zu den Laubengängen

Bauherr: Genossenschaftlich Wohnen
in Freiburg-Vauban
Architekten: P-I-A, Planungsgruppe Integrale
Architektur, Löffler – Schneider – Schmeling –
Leicht, Karlsruhe
Wohnfläche gesamt: 3 140 m², 36 Wohnungen
zwischen 45 und 150 m²,
Gemeinschaftshaus: 60 m²
Baukosten: 1 890 DM / m² Wohnfläche,
inklusive Gemeinschaftshaus
Fertigstellung: August 1999

112 BLÖCKE

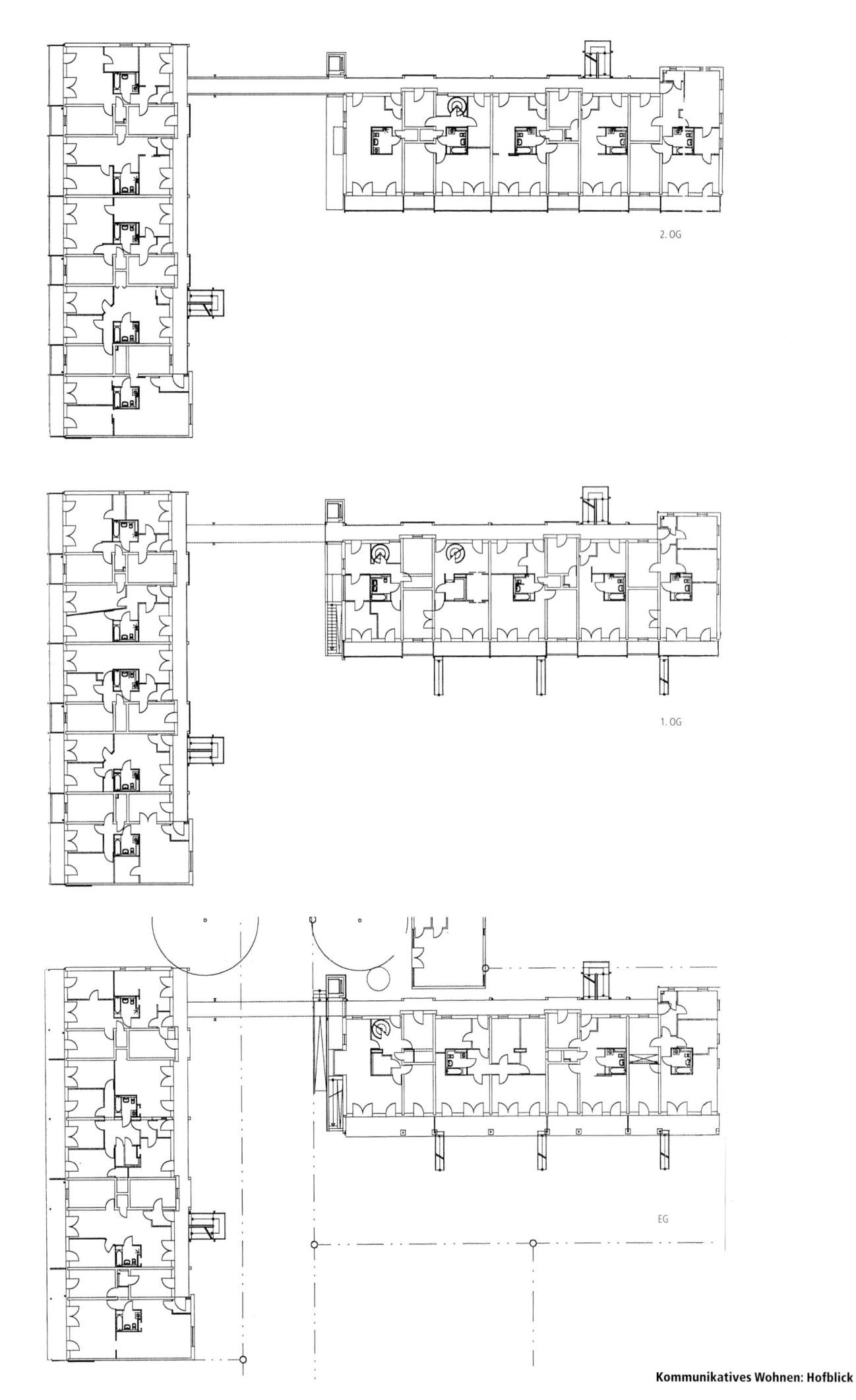

2. OG

1. OG

EG

Kommunikatives Wohnen: Hofblick

Grundrisse, M 1:500

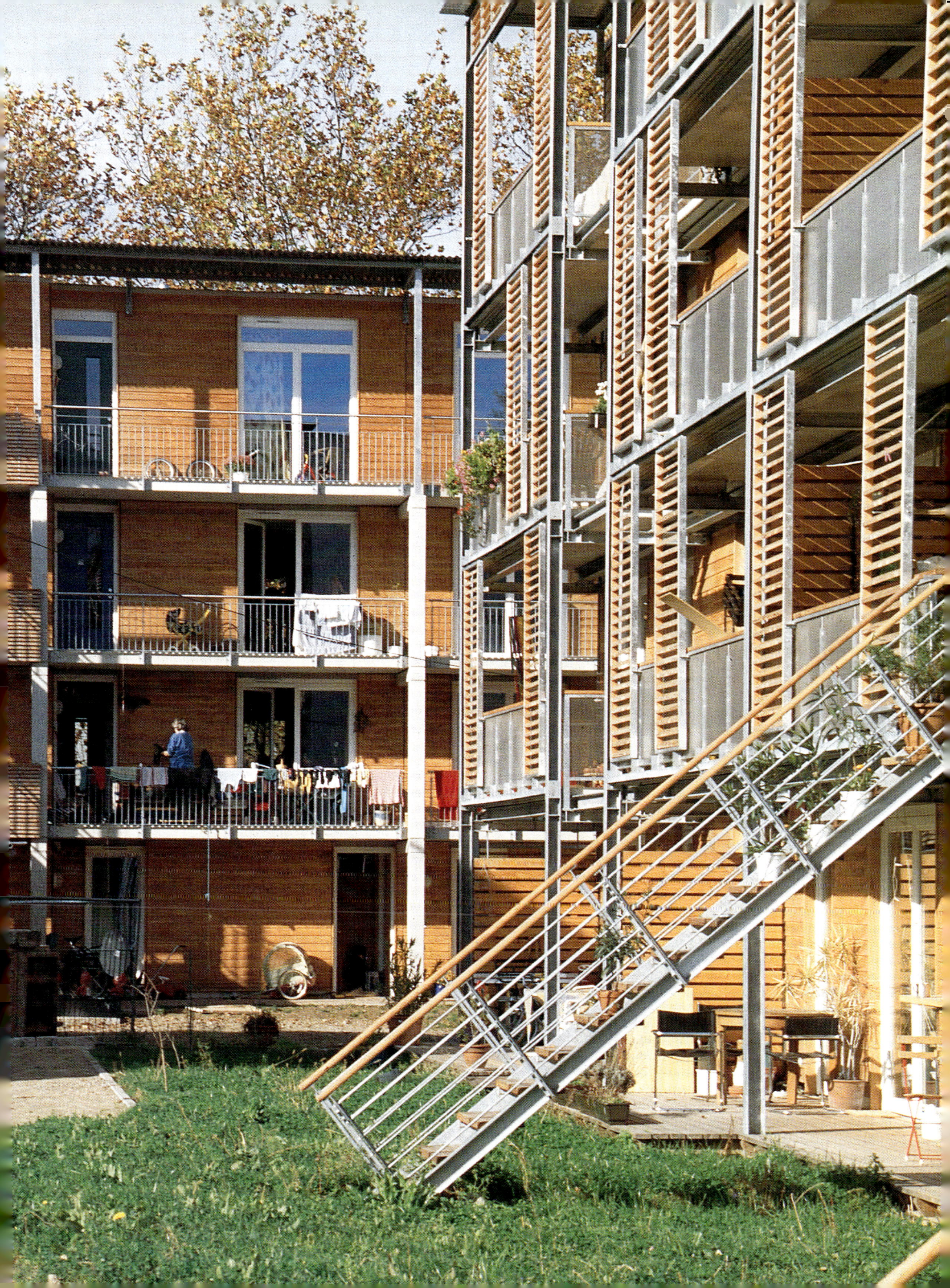

BLÖCKE

Lob der Nähe
Integriertes Wohnen in Ingolstadt
Architekten: Meck und Köppel, München

Der dritte Bauabschnitt von Süden

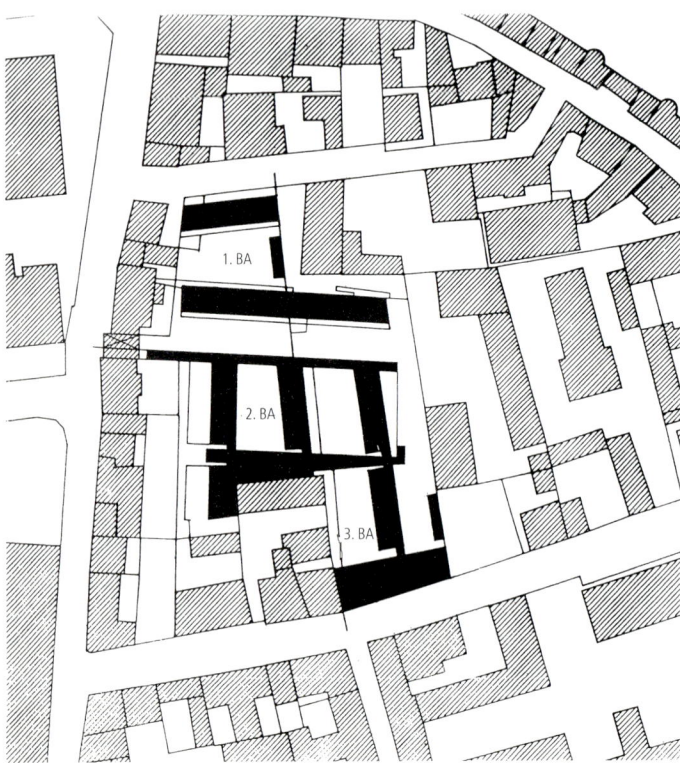

Lageplan

In Zeiten immer weiter auseinanderdriftender Funktionen schätzt die Zunft der Stadtplaner wieder das enge Nebeneinander von Nutzungen, das sie selber lange genug bekämpft hat – zum Beispiel durch die Entkernung von Blöcken. Im vorliegenden Fall gelang es, einen kleinteilig strukturierten Stadtblock durch ein fein abgestimmtes Ensemble aus Bauten – fast möchte man es ein Gespinst nennen – mit neuem Leben zu füllen. Derlei Eingriffe in innerstädtische Gebiete sind oft langwierig, und so geht die vor kurzem fertiggestellte Bebauung denn auch auf Planungen aus dem Jahr 1986 zurück, als der Bereich zwischen Proviant- und Kellerstraße, Unterem Graben und Sebastianstraße zum Sanierungsgebiet erklärt wurde. Als Gewinner des damaligen Gutachterverfahrens war der – noch immer junge – Münchener Architekt Andreas Meck von Anfang an dabei. Er hat die drei Zeilen mit 33 behinderten- und altengerechten Wohnungen im Inneren des Blockes realisiert, und er hat jüngst die Lücke an der Sebastianstraße mit einem Studentenwohnheim geschlossen. »Integriertes Wohnen« war das – von der Obersten Baubehörde des Freistaates formulierte – Ziel, und tatsächlich sind es vor allem die genannten Randgruppen, die bei der beklagten Stadtflucht auf der Strecke bleiben: Sie verfügen zumeist nicht über ein Auto und sind auf Hilfen in der Nähe angewiesen.

Über die Bereitstellung von geeignetem Wohnraum hinaus erscheint hier besonders rühmlich, daß auch das städtische Umfeld sorgfältig neu gestaltet wurde. Nachdem der Torbau an der Sebastianstraße fertiggestellt ist, kann man den gesamten Block bis zur Proviant- und Kellerstraße zu Fuß durchqueren. Die Bebauung geleitet einen subtil an den privateren Höfen vorbei, gewährt Einblicke in bepflanzte Veranden und luftige Laubengänge. Die Ausformung solcher »Schwellenbereiche« ist schlicht vorbildlich: Als Rückgrat der drei Zeilen des zweiten Bauabschnittes dient ein geräumiger, teils offener, teils verglaster Laubengang auf vier Ebenen, an dem die Gemeinschaftsräume und -terrassen liegen. Von hier zweigen auch die Gänge zu jeweils zwei Wohnungen ab. Diese sind durchweg Ost-West-orientiert und verfügen – anstelle eines Balkons – über einen gedeckten Vorplatz mit Bank am ruhigen, grünen Hof, den wiederum eine schmale Arkade vom Quartiersplatz im Norden abschirmt. Hier gibt es einen Kinderspielplatz samt Rutsche und Gelegenheit zum Sehen und Gesehenwerden.

Das studentische Wohnen ist an die barrierefreien Zeilen über einen Steg angebunden; der plastisch aus der Bauflucht herausgedrehte Aufzugsturm steht in Sichtweite, die 24 Appartments werden teilweise aber auch direkt vom Hof erschlossen. Auch hier liegen die Gemeinschaftszonen am Hof, die Zimmer zur Straße (Südseite); in den Maisonetten bietet eine Galerie die Möglichkeit, sich zurückzuziehen. Das Dachgeschoß wird durch ein großes Oberlicht zum Atelier. Die Fenster in den kleinen Wohnräumen öffnen sich mit Senk-Klappflügeln nach außen.

Neben der Sinnfälligkeit und Präzision solcher Details überzeugt vor allem die echte Multifunktionalität der Anlage: Die fein abgestuften Zwischenräume fördern auch im kleinen das, was die Blocksanierung im großen anstrebte: Nutzungsüberlagerung, zwanglose Begegnung, informelle Hilfe – oder einfacher: städtisches Leben.

Geschützter Vorplatz im dritten Bauabschnitt

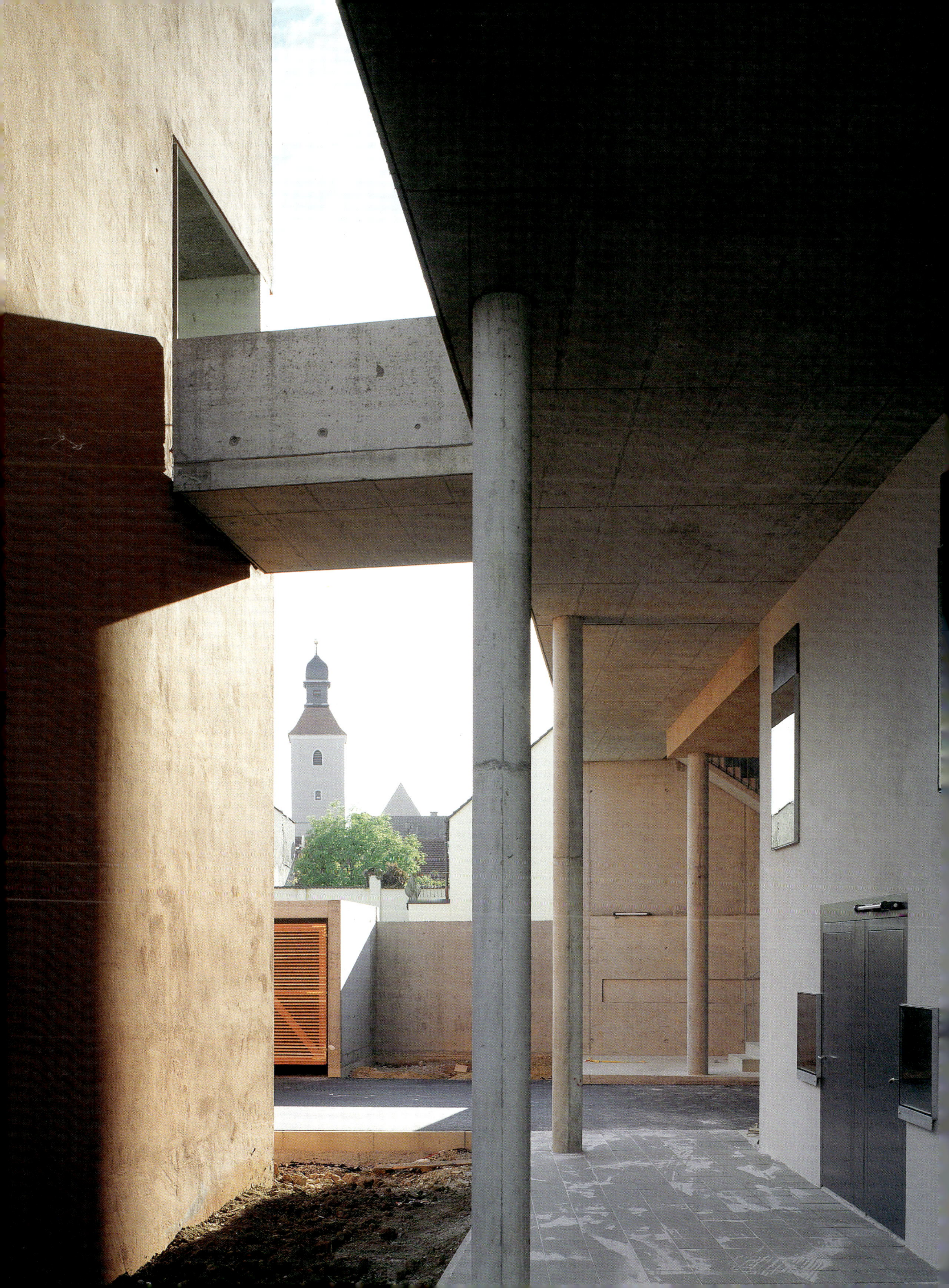

Hofpassage mit dem Treppenaufgang des dritten Bauabschnitts

Integriertes Wohnen in Ingolstadt 117

Feine Abstufung von öffentlichen, halböffentlichen und privaten Räumen:
einer der Höfe im zweiten Bauabschnitt

Der Quartiersplatz zwischen erstem und
zweitem Bauabschnitt

Die geräumigen Gänge an den Höfen des zweiten Bauabschnitts

Studentenappartement mit Oberlicht

Die Halle des dritten Bauabschnitts von außen und innen

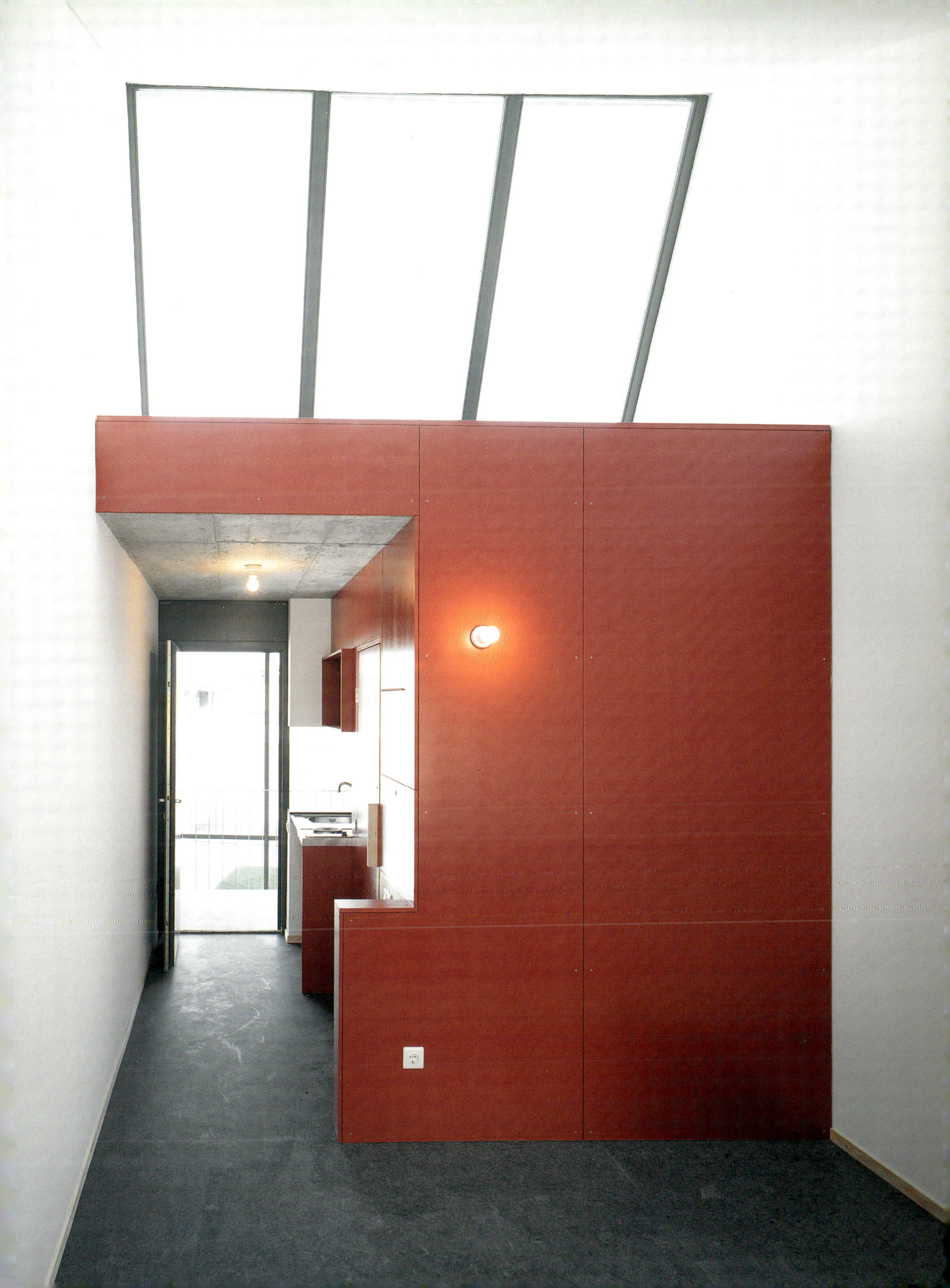

120 BLÖCKE

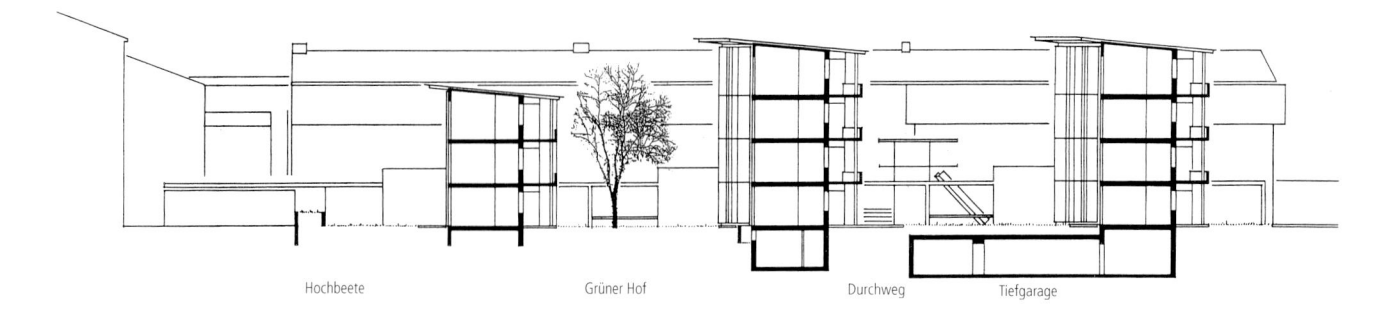

Hochbeete Grüner Hof Durchweg Tiefgarage

Querschnitt Ost-West, M 1 : 500

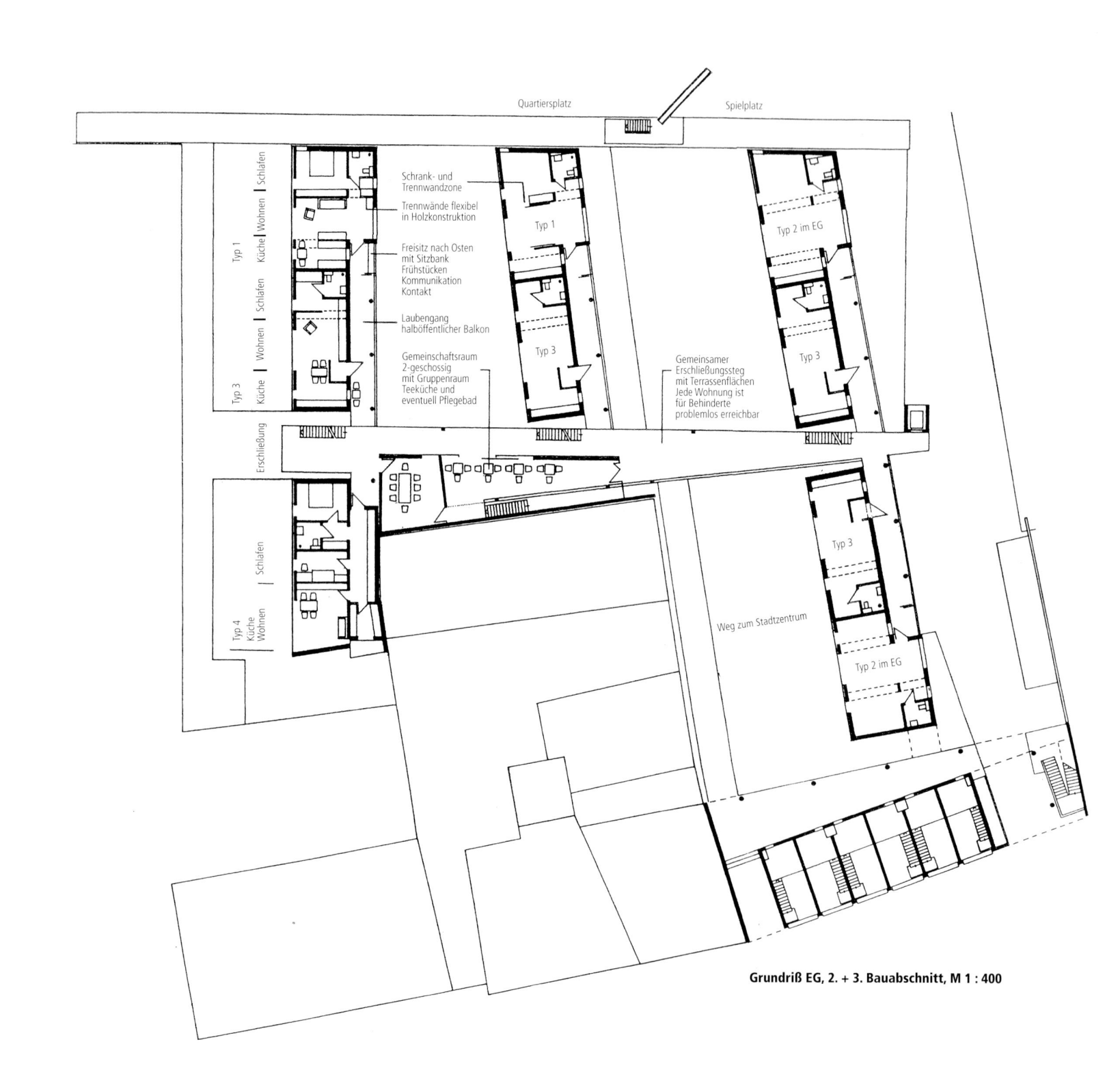

Quartiersplatz Spielplatz

Typ 1 | Schlafen | Wohnen | Küche
Typ 3 | Küche | Wohnen | Schlafen
Typ 3 | Küche

Typ 1
Typ 3

Typ 2 im EG
Typ 3

Schrank- und Trennwandzone
Trennwände flexibel in Holzkonstruktion
Freisitz nach Osten mit Sitzbank Frühstücken Kommunikation Kontakt
Laubengang halböffentlicher Balkon
Gemeinschaftsraum 2-geschossig mit Gruppenraum Teeküche und eventuell Pflegebad

Gemeinsamer Erschließungssteg mit Terrassenflächen Jede Wohnung ist für Behinderte problemlos erreichbar

Erschließung

Typ 4 | Küche | Wohnen | Schlafen

Weg zum Stadtzentrum

Typ 3
Typ 2 im EG

Grundriß EG, 2. + 3. Bauabschnitt, M 1 : 400

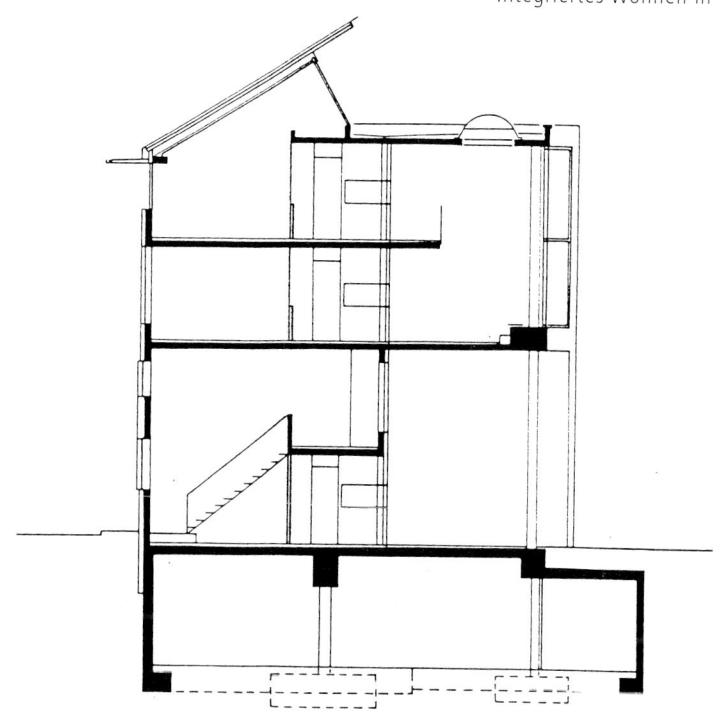

Integriertes Wohnen in Ingolstadt 121

Studentisches Wohnen, Querschnitt, M 1: 200

Bauherr: Gemeinnützige Wohnungsbau-
gesellschaft, Ingolstadt
Architekten: Meck und Köppel Architekten,
Andreas Meck, Stefan Köppel, München
Mitarbeit Integriertes Wohnen: Klaus Greilich;
Matthias Goetz, Michaela Busenkell,
Christoph Engler, Brigitte Moser
Mitarbeit Studentisches Wohnen: Werner Schad
Baukosten. 2 236 bzw. 2 285 DM/m² Nutzfläche
Fertigstellung: 1997/1999
Standort: Sebastianstraße 7, Ingolstadt

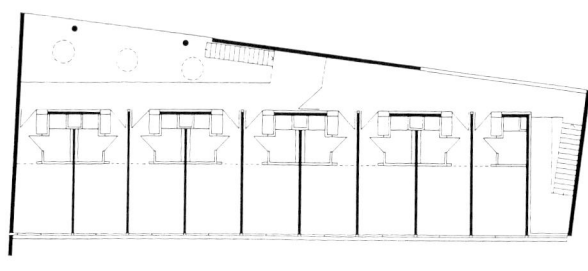

3. OG

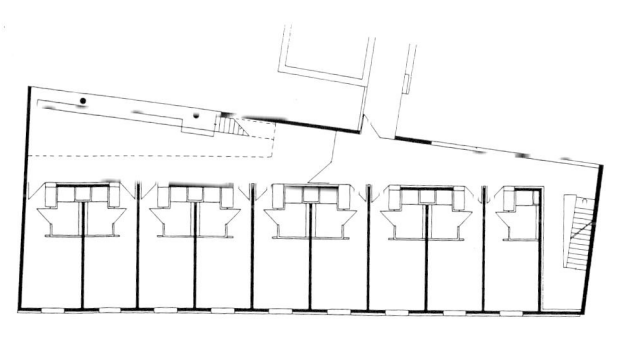

2. OG

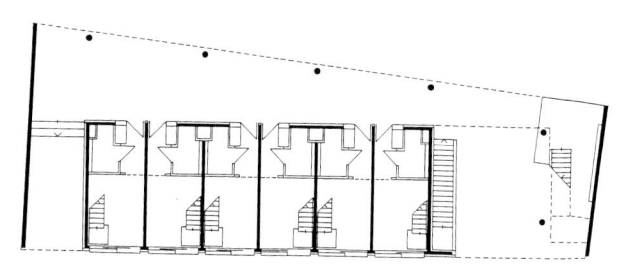

Studentisches Wohnen, Grundrisse, M 1: 400   EG

Vielfalt im Schuppenkleid
Wohnquartier in Konstanz-Wollmatingen
Architekt: Ingo Bucher-Beholz, Gaienhofen

Die »Friedensdividende«, welche nach dem Ende des Kalten Kriegs in der Aufgabe zahlreicher Militärstandorte sichtbar wurde, kam in der Folge besonders dem Wohnungsbau zugute, und zwar nicht irgendeinem: Viele Städte begriffen das Freiwerden der meist günstig gelegenen Areale als große Chance, neue Wege im Wohnungsbau zu gehen. Sicher hat diese Renaissance öffentlicher Initiativen in diesem Bereich auch damit zu tun, daß »normale« Wohnungssuchende vor dem Stigma der militärischen Nutzung zunächst zurückzuschrecken pflegten. Was lag da näher, als die zurückgewonnenen Gebiete erst einmal durch experimentellen Wohnungsbau für »Randgruppen« wie Studenten, Senioren und Sozialmieter zu beleben – gerade in Universitätsstädten wie Freiburg, Marburg, Potsdam oder wie hier in Konstanz standen genug »Pioniere« dafür bereit.

Das im Konstanzer Vorort Wollmatingen gelegene ehemalige Kasernengelände liegt landschaftlich reizvoll am südlichen Ortsrand – einige der strengen Zeilenbauten blieben stehen; sie wurden nun durch die Neubebauung feingliedrig ergänzt.

Ziel war, wie bei verschiedenen der hier gezeigten Projekte, »Integriertes Wohnen«: Die Mischung ganz unterschiedlicher sozialer Gruppen – hier: Studenten, Senioren, Familien, Sozialmieter – soll die Ghettoisierung verhindern und auch den Aufbau einer informellen Nachbarschaftshilfe als Alternative zur öffentlichen Sozialfürsorge möglich machen. Insbesondere Bayern hat auf diesem Gebiet in den letzten Jahren Pionierarbeit geleistet (siehe die Seiten 114, 128 und 140).

Da hier jede Zielgruppe von einem anderen Bauherrn behaust werden sollte, ist die Wohnanlage denn doch nicht so »integriert«, wie es vielleicht wünschenswert wäre. Doch so konnte der für alle zuständige Architekt die einzelnen Gebäude intern differenzieren. Insbesondere für die 64 Familienwohnungen wurde ein eigener Typ entwickelt. Die zwei Gebäude für Studenten mit zusammen 240 Plätzen in 60 Wohngemeinschaften, das Gebäude für Senioren mit 34 Ein- bis Vierzimmerwohnungen und dasjenige mit 30 Zwei- bis Vierzimmer-Sozialwohnungen sind dagegen sehr ähnlich. Konstruktiv liegt allen ein Raster von 3,00 x 4,50 Metern zugrunde. Bei aller Strenge führte das rationelle Modulsystem jedoch nicht zu Einförmigkeit, vielmehr wurde es entsprechend den Erfordernissen der jeweiligen Nutzergruppen geschickt differenziert. Vor die in Massivbauweise errichteten Zeilen legen sich in einer zweiten Schicht leichte Sekundärstrukturen: Treppenhäuser, offene und verglaste Laubengänge, Balkone, Fahrradständer...

Ganz anders als Kasernen stehen die auf diese Weise verwandten, aber eigenständigen Gebäude in spannender räumlicher Beziehung zueinander: Als rechtwinklige, einheitlich fünfgeschossige Großformen bilden sie zunächst mehrere annähernd quadratische Höfe, einen großen, »weichen«,

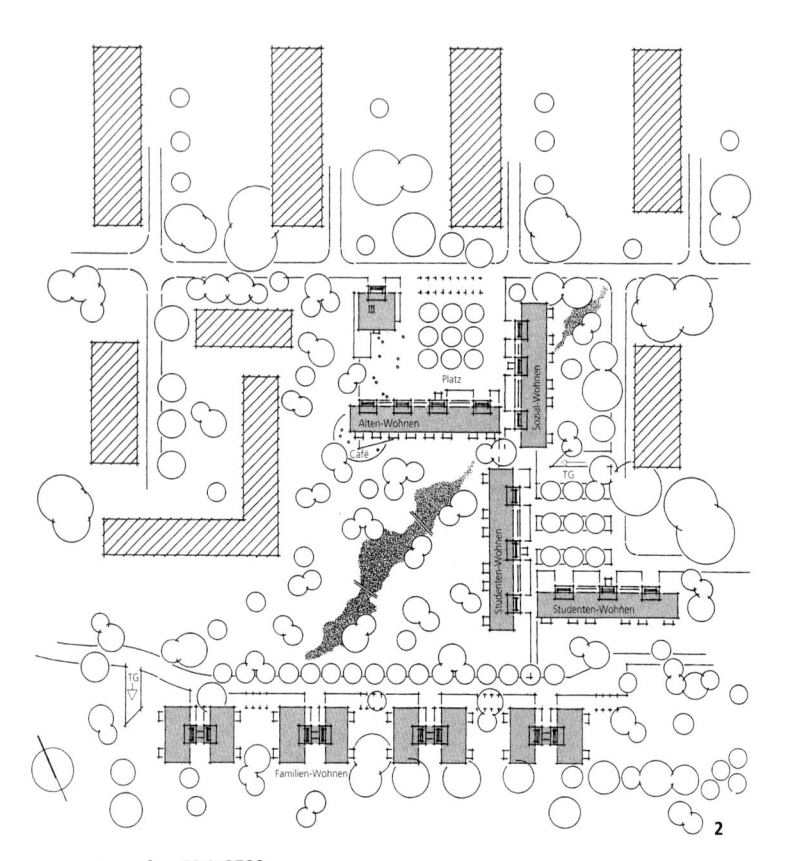

Offene Ecke

Lageplan, M 1: 2500

Die leichten, klar konstruierten Dachpartien

Platz vor der Seniorenwohnanlage

landschaftlich gestalteten (mit Biotop, Spielplatz, Wiese, einzelnen Bäumen, einer Feuergasse) und einen »harten«, nur mit Robinien bepflanzten Platz. An den Ecken, dort, wo die Zeilen fast zusammenstoßen, ergeben sich reizvolle Torsituationen, neugierig lugt man um die vielgliedrigen, sorgfältig detaillierten Gebäudekanten herum, und dank der vielen Kinder im Viertel ist hier ständig etwas los. Auch die Fassaden tragen dank der Durchlässigkeit ihrer äußeren Schicht zur Lebendigkeit bei, besonders nachts läßt sich das Kommen und Gehen vom Platz aus gut verfolgen. Den Senioren mittendrin dürfte es so nie langweilig werden...

Das im Wettbewerbsentwurf vorgesehene Haus mit »beschützten« Wohnungen für Frauen am Nordrand des Platzes scheiterte bisher an kommunalpolitischem Widerstand. Das Punkthaus gäbe dem Platz an dieser Stelle gewiß eine interessante räumliche Fassung. Doch schon die rigiden Einsparungen im Verlauf der Realisierung – unter anderem mußten Kunststoff-Fenster eingebaut werden – machten deutlich: Allein der glückliche Umstand, daß einem solche zuvor verbotenen Gelände quasi in den Schoß fallen, läßt eben doch viele Denkbarrieren noch nicht von selbst verschwinden. Der Wohnhaustyp für jeweils sechzehn Familien überzeugt durch sinnvolle Zonierung und feine Detaillierung. Die zwischen die rationellen Haushälften eingerückten transparenten Treppenhäuser bilden hier geschützte Spielbereiche für Kinder, die von den Küchen aus einsehbar sind. Vier solche Einzelbaukörper bilden den zur Landschaft durchlässigen südlichen Rand des grünen Hofs. Bis auf den hellen Putz finden sich hier dieselben Zutaten wie an den Zeilenbauten – ein durchweg schlüssiges Baukastenkonzept, das eine hohe Wohn- und Gestaltqualität bei niedrigen Kosten ermöglicht hat.

Die Studentenwohnanlage

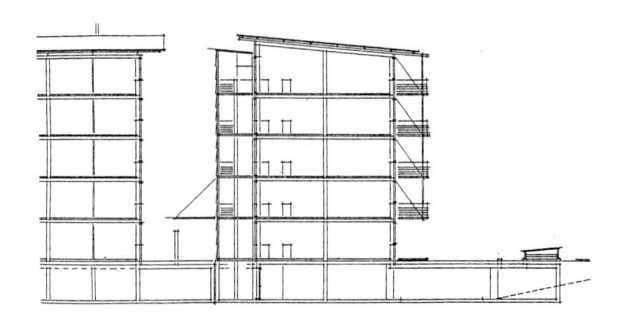

Querschnitt Studentenwohnen, M 1 : 500

Wohnquartier in Konstanz-Wollmatingen   125

Die Breitseite der Studentenwohnanlage am grünen Hof

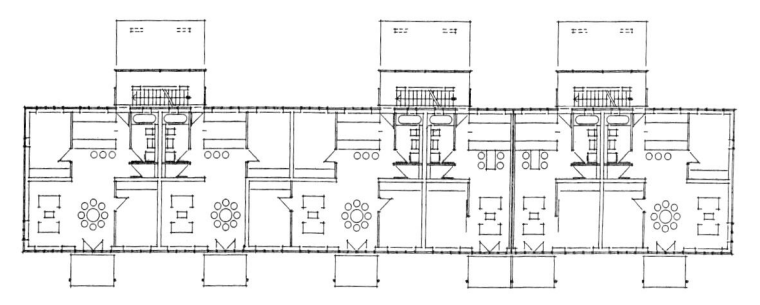

Grundriß der Sozialwohnungen am Platz, M 1: 500

BLÖCKE

Eckdetail Dach

Bauherr und Bauträger: Städtische Wohnungs-
baugesellschaft, Konstanz (Alten- und Sozial-
wohnungen); Landesentwicklungsgesellschaft
Baden-Württemberg (Studentenwohnungen);
Spar- und Bauverein, Konstanz
(Familienwohnungen)
Architekt: Ingo Bucher-Beholz, Gaienhofen
Mitarbeit: Erich Baumann, Axel Mörstedt,
Andy Brühlmann, Markus Harsch,
Michaa Hessbrüggen, Markus Endres
Tragwerksplaner: Hans P. Becker, Konstanz;
Wohnhäuser: Alexander Fecker, Konstanz
Baukosten: zwischen 2 260 DM und
2 340 DM/m²
Realisierungswettbewerb: 1994
Fertigstellung: 1997
Standort: Konstanz-Wollmatingen,
ehem. Kasernenareal

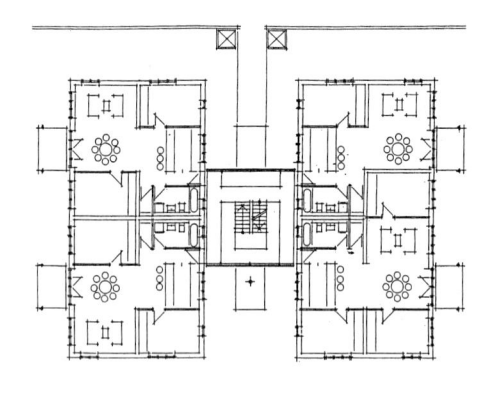

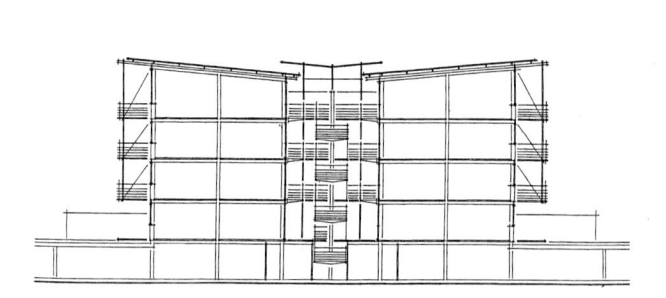

Grundriß und Schnitt Familienwohnen, M 1: 500

Das Ensemble aus Studenten- und Familienwohnen

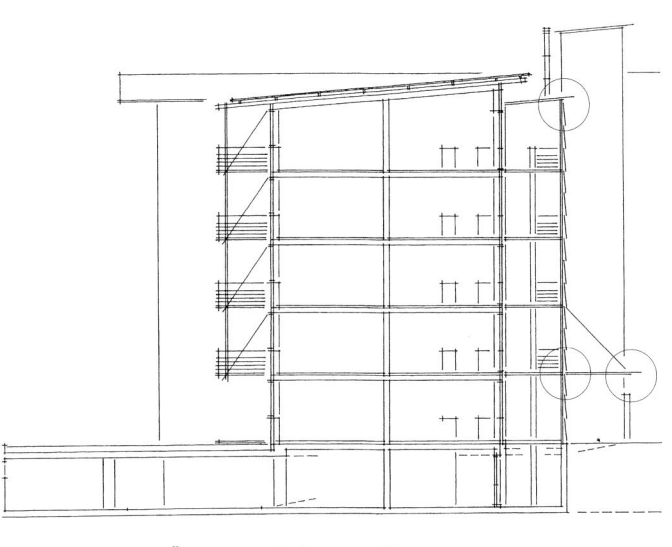

Wohnquartier in Konstanz-Wollmatingen

Übersichtsschnitt, M 1:300

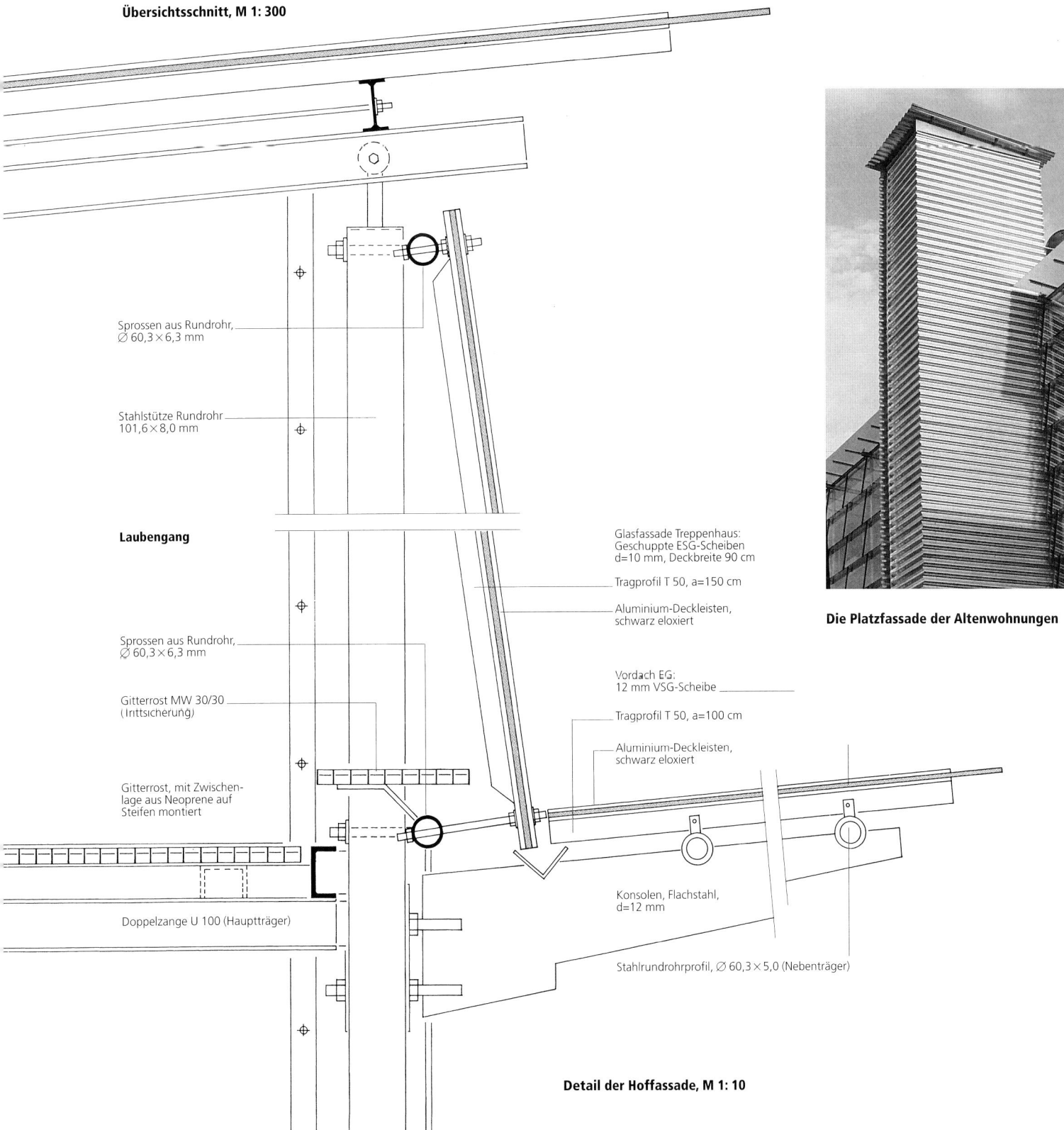

Sprossen aus Rundrohr,
⌀ 60,3 × 6,3 mm

Stahlstütze Rundrohr
101,6 × 8,0 mm

Laubengang

Sprossen aus Rundrohr,
⌀ 60,3 × 6,3 mm

Gitterrost MW 30/30
(Trittsicherung)

Gitterrost, mit Zwischenlage aus Neoprene auf Steifen montiert

Doppelzange U 100 (Hauptträger)

Glasfassade Treppenhaus:
Geschuppte ESG-Scheiben
d=10 mm, Deckbreite 90 cm

Tragprofil T 50, a=150 cm

Aluminium-Deckleisten,
schwarz eloxiert

Vordach EG:
12 mm VSG-Scheibe

Tragprofil T 50, a=100 cm

Aluminium-Deckleisten,
schwarz eloxiert

Konsolen, Flachstahl,
d=12 mm

Stahlrundrohrprofil, ⌀ 60,3 × 5,0 (Nebenträger)

Detail der Hoffassade, M 1:10

Die Platzfassade der Altenwohnungen

BLÖCKE

Fuggerei von heute
Integriertes Wohnen in Günzburg
Architekten: G.A.S. Sahner Architekten, Stuttgart

Blick über den Platz auf den zweiten Bauabschnitt

Die Vorzone im Erdgeschoß des zweiten Bauabschnitts

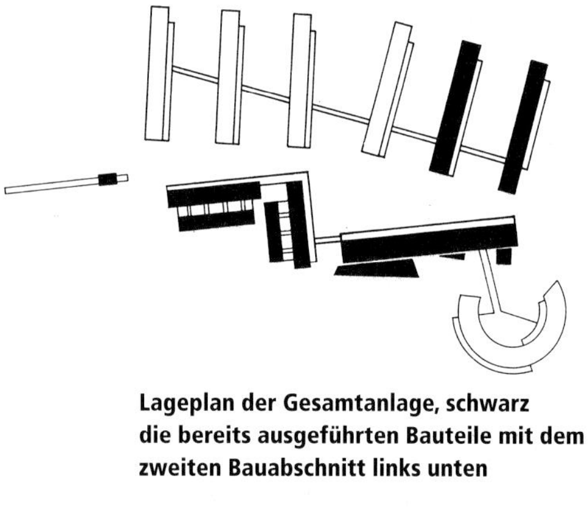

Offene, vom weitüberkragenden Dach geschützte Laubengänge prägen das südliche Gebäude des ersten Bauabschnittes

Lageplan der Gesamtanlage, schwarz die bereits ausgeführten Bauteile mit dem zweiten Bauabschnitt links unten

Der Sinn eines wahrhaft »sozialen« Wohnungsbaus sollte es sein, auf neue gesellschaftliche Entwicklungen zu reagieren oder sie sogar – auf der Grundlage demographischer Trends und soziologischer Erkenntnisse – frühzeitig mitzugestalten. Besonders wirtschaftlich schwache, ältere, behinderte und alleinerziehende Menschen können sich auf dem freien Markt nicht allein mit adäquatem Wohnraum versorgen – und der Anteil dieser Bevölkerungsgruppen wächst seit einigen Jahren stark an.

Das Konzept des »Integrierten Wohnens«, wie es insbesondere in Bayern seit den neunziger Jahren gefördert wird, setzt auf die Organisation von gegenseitiger Hilfe zwischen diesen Gruppen, etwa zwischen Senioren und Alleinerziehenden (zum Beispiel: Besorgungen gegen Kinderbetreuung). Das ermöglicht älteren Menschen ein längeres Leben in Selbständigkeit und erleichtert den Jüngeren die Doppelbelastung von Beruf und Kindererziehung. Überdies kann der Sozialstaat seine – nicht selten als entwürdigend empfundene – Fürsorge so auf die wirklich Bedürftigen konzentrieren. Bei diesem Modell gibt es also nur Gewinner.

Welcher architektonische Rahmen für dieses Zusammenleben besonders förderlich ist, das erkundeten einige von Sozialforschern begleitete Modell-

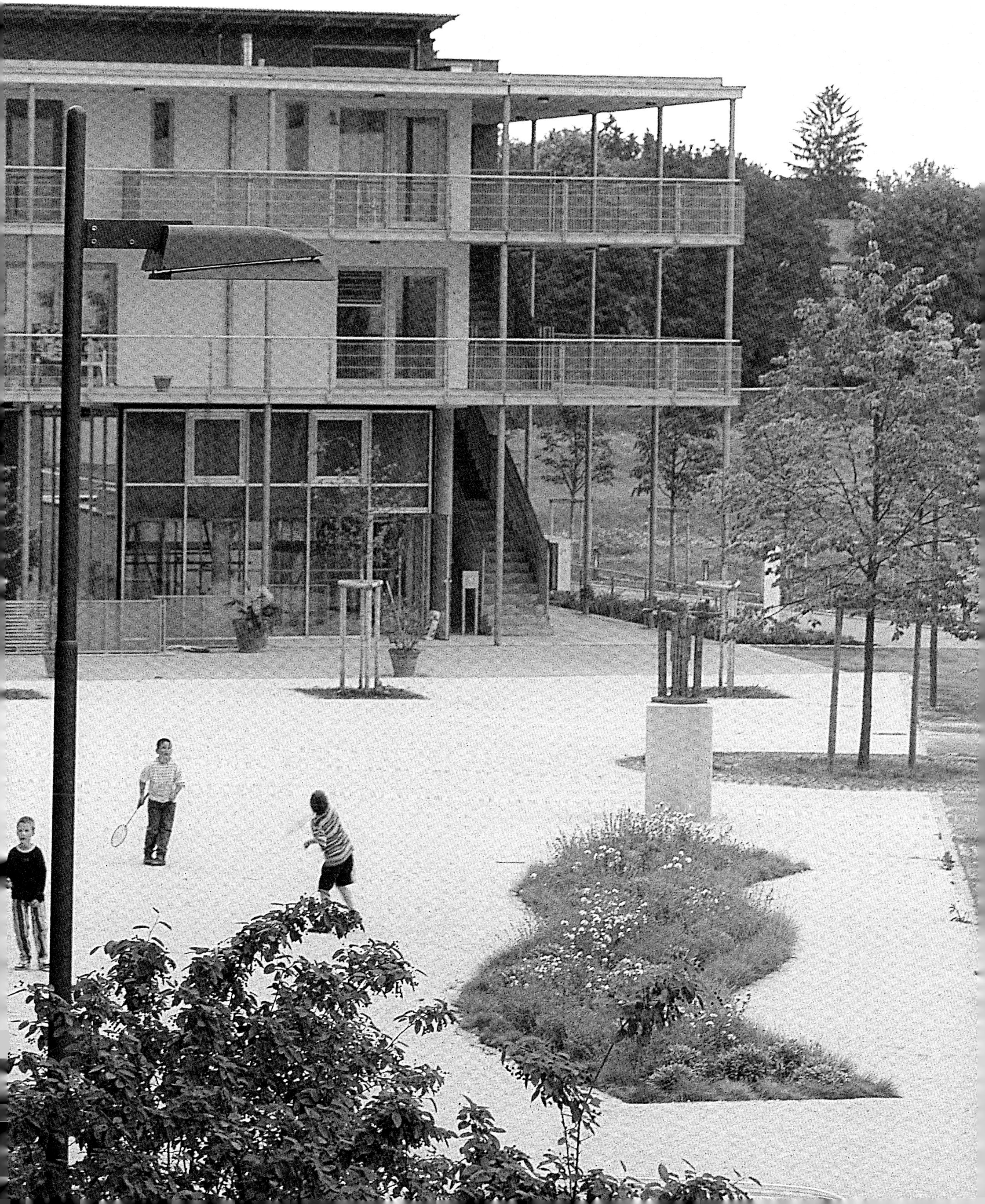

Bewohnte Fassade

bauvorhaben, die auch der Erprobung der neuen Norm »barrierefreies Wohnen« dienten.

Bei dem Vorhaben der Bezirk Schwaben Stiftung in Günzburg handelt es sich um ein besonders ambitioniertes und großes Projekt: In mehreren Bauabschnitten entstehen hier etwa 150 Wohnungen für Behinderte, Alleinerziehende, ältere Menschen und kinderreiche Familien mit einer ganzen Reihe von integrierten Angeboten und Dienstleistungen. Ziel ist – in Anlehnung an das historische Augsburger Stiftungsviertel – eine »Fuggerei von heute«. Das Gelände liegt am östlichen Stadtrand, in der Nähe des Bezirkskrankenhauses, hinter einem Lärmschutzwall führt eine neue Umgehungsstraße vorbei. Die Baustruktur muß also vorerst sich selbst genügen – eigentlich keine gute Voraussetzung für »integriertes« Wohnen. Eine neue Fußgängerbrücke verbindet die Anlage jedoch inzwischen mit der Innenstadt, und ein Radweg führt von hier ins nahe Donautal.

Das autofreie Ensemble, wie es sich bis jetzt präsentiert, wirkt einladend, offen und heiter. Die Bewohnerschaft der bislang fertiggestellten 85 Wohnungen sorgt bereits für ein buntes Treiben. Breite, bewohnte Laubengänge säumen die von weit vorstehenden Dachkrempen geschützten Zeilenbauten – im Süden gegen die Zubringerstraße ein Arkadenbau als infrastrukturelles Rückgrat, im Norden die ersten der im Endausbau einmal sechs Wohnzeilen. Durch räumliche Versätze entsteht trotz der linearen Bausteine insgesamt ein relativ geschlossenes, beschützendes Gesamtbild – weshalb es hier auch unter den »Blöcken« einsortiert wurde.

Der erstrebte »Generationenmix« wird hier dadurch erleichtert, daß die sonst je nach Förderweg hausweise separierten Wohneinheiten bunt durcheinander angeordnet werden konnten.

Die von den Architekten gemeinsam mit Sozialpädagogen und einem Mieterverein konzipierte Zonung der Wohnzeilen von öffentlichen über halböffentlichen bis zu privaten Räumen scheint für die Bauaufgabe maßgeschneidert, die Struktur sieht überdies die Flexibilität der Wohnungseinteilung und der Wohnungsgröße vor – ein Umzug bei veränderten Lebensverhältnissen muß dann nicht sein. Auch eine Gäste- sowie eine Notwohnung für Frauen in schwierigen Situationen sind vorhanden. Es gibt eine große Vielfalt von gemeinschaftlich nutzbaren Räumen, am Ende jedes Laubenganges liegt zum Beispiel ein Waschraum mit Dachterrasse, am Hof gibt es ein Kinderhaus, ein Bewohnerbüro und einen Dritte-Welt-Laden.

Die schon heute das Gesicht der Anlage prägenden Laubengänge aller Gebäude sollen am Ende zu einem Wegenetz verbunden werden.

Geräumige Laubengänge als vielfältig nutzbare Zonen zwischen drinnen und draußen

Integriertes Wohnen in Günzburg 131

Die Gesamtanlage vom Laubengang

Die zwei Zeilen des ersten Bauabschnittes

Bauherr: Bezirk Schwaben, Augsburg
Architekten: G.A.S. Sahner Architekten, Stuttgart
Mitarbeit: Sybille Besson, Joachim Carle,
Ralf-Peter Häussler (Projektleitung 1. BA),
Gaby Kannegießer, Thomas Kraft (Projektleitung
2. BA), Torsten Plickert, Ulrich Schuster und
Sabine Warning (Landschaftsplanung)
Tragwerksplanung: Schuster + Hartinger,
Thannhausen
Begleitende Projektforschung:
Urbanes Wohnen e. V., München
Förderung für die wissenschaftliche Betreuung:
Robert-Bosch-Stiftung
Realisierungswettbewerb: 1992
Fertigstellung: 1. Bauabschnitt 1996;
2. Bauabschnitt 1998
Baukosten: 2 012 DM/m² Wohnfläche
Standort: Günzburg, Ludwig-Heilmeyer-Straße

132 BLÖCKE

FREIE AUFTEILBARKEIT

Blick von außen auf die Anlage

Grundriß der Erdgeschosse, M 1:500

Integriertes Wohnen in Günzburg

Bewohnte Stadtmauer
Wohnbebauung in München-Ramersdorf
Architekten: Susanne Söldner und Dirk Stender, München

Wir befinden uns an der Einmündung der Autobahn München-Salzburg in den Mittleren Ring – hier beginnt, hier endet für viele tausend Autofahrer täglich die Stadt: Asphalt, Ampeln, Schilderwald, Stau, wohin man blickt. Zum Wohnen ist dies gewiß kein idealer Standort. Doch im Zuge der Nachverdichtung städtischer Flächen werden inzwischen auch Areale wie dieses überplant. Dabei kam dem Schallschutz größte Bedeutung zu: Während ein früherer Bebauungsplan auf dem schmalen Geländestreifen noch Punkthäuser vorgesehen hatte, wurde 1992 eine geschlossene Randbebauung zur Grundlage eines Wettbewerbes. So sollte auch eine Art »Stadteingang« geschaffen werden, angesichts immer mehr verwischender Siedlungsränder eine erkennbare »Stadtmauer« entstehen.

Bei der Anordnung von 238 im Rahmen des Sozialen Wohnungsbaus geförderten Wohneinheiten in 19 verschiedenen Größen sowie einer Kombination von Kindergarten und Kinderkrippe gelang den preisgekrönten jungen Architekten ein differenzierter »Superblock«: Entsprechend den vier verschiedenen Seiten des langgestreckten Blocks entwickelten sie ganz unterschiedliche, teilweise mehrgeschossige Wohnungstypen, die zu interessanten Gebäudequerschnitten führten.

Die Ausmaße der Baukörper bleiben indes enorm, die längste Seite mißt an die 200 m, die gesamte Wohnfläche beträgt 14 800 m² – als historische Vorläufer kommen einem da der Wiener Karl-Marx-Hof oder die Byker Wall in Newcastle (England) in den Sinn.

Eckaufbau als Merkzeichen an der Autobahn

Der Wohnblock am Autobahnende

Die niedrigere Bebauung im Westen an der Langbürgener Straße

Die hohe Lärmschutzfassade im Osten

Die hohe Bebauung, vom Hof aus gesehen (vergleiche Schnitt)

Innenraum einer Maisonettewohnung: Der Treppenraum dient als Puffer gegen den Lärm

Der Hof, Blick Richtung Stadt (Bild darüber)

Wie in diesen Beispielen wird hier ein deutlicher Gegensatz von Innen und Außen aufgebaut: Nur an einer Stelle öffnet sich die »harte Schale« zu einem baumbestandenen Quartiersplatz, der auch die benachbarte Siedlung miteinbezieht; hier liegen die Einrichtungen für die Kinder, und von hier entwickelt sich taschenförmig der schmale halböffentliche Hof. Um noch mehr Wohnungen zu dieser relativ ruhigen Oase hin zu orientieren, wurde ein Teil des Hofes abgesenkt. Was nach außen hin wie ein Sechsgeschosser aussieht, enthält so in Wirklichkeit sieben Wohnniveaus.

Die gesamte Randbebauung wird von außen her erschlossen. Treppenhäuser, Laubengänge, Flure und interne Treppen dienen als Pufferräume gegen den Lärm. Zudem haben die Wohnungen teilweise Wintergärten. Insbesondere im nördlichen Bauteil, wo eine Grünanlage im Vorfeld etwas Abstand herstellt, eignen sich die breiten Laubengänge auch als Erweiterung der Wohnräume. Hier stellt die gebogene Großform selbst für den flüchtigen Passanten ein Merkzeichen im Stadtraum dar, das Motiv der umlaufenden »Reling« läßt einen unwillkürlich an die Brücke eines Ozeandampfers denken…

Der Zweispännertyp auf der lärmabgewandten Seite bietet hingegen eine »normale« Ost-West-Orientierung, die durchgehende Flurzone ermöglicht es, zwei Wohnungen zu einer Wohngemeinschaft zusammenzulegen.

Um die Erschließungsflächen zu minimieren, liegen die Maisonette-Wohnungen jeweils in den untersten und den obersten Geschossen – Hofterrassen inklusive. Ausgänge aus den großzügig verglasten Treppenhäusern lassen auch die Bewohner der darüberliegenden Wohnungen rasch ins Freie gelangen. Trotz der großen Baumassen bekommen auf diese Weise Identifikation und Aneignung eine Chance.

Farbabstufungen der Fassaden tragen die interne Gliederung der Gebäude nach außen: So sind die Maisonetten im Sockelgeschoß in Gelb deutlich vom hellen Überbau abgesetzt, der Kindergarten leuchtet rot, eine Treppenhauswand blau… Die engen Grenzen der Förderung erlaubten leider keine größeren Material-Sprünge, alle Fassaden wurden verputzt. 4 500 m^2 Tiefgarage verschwinden unter der Anlage, Schuppen zu ebener Erde ersetzen teilweise die üblichen Keller.

Die Stadt hat durch den bewohnten Schutzwall ein Stück Raum zurückgewonnen. Die Architekten haben es vermieden, die schwierigen Randbedingungen mit ihrem Entwurf zu verniedlichen; ihre klare, rigide Großwohnanlage organisiert das »Bleiben« an einem Durchgangsort, wo andere aufs Gaspedal treten, um nur rasch fortzukommen.

Wohnbebauung in München-Ramersdorf

Der südliche Blockrand mit den Kindergärten im Erdgeschoß

138 BLÖCKE

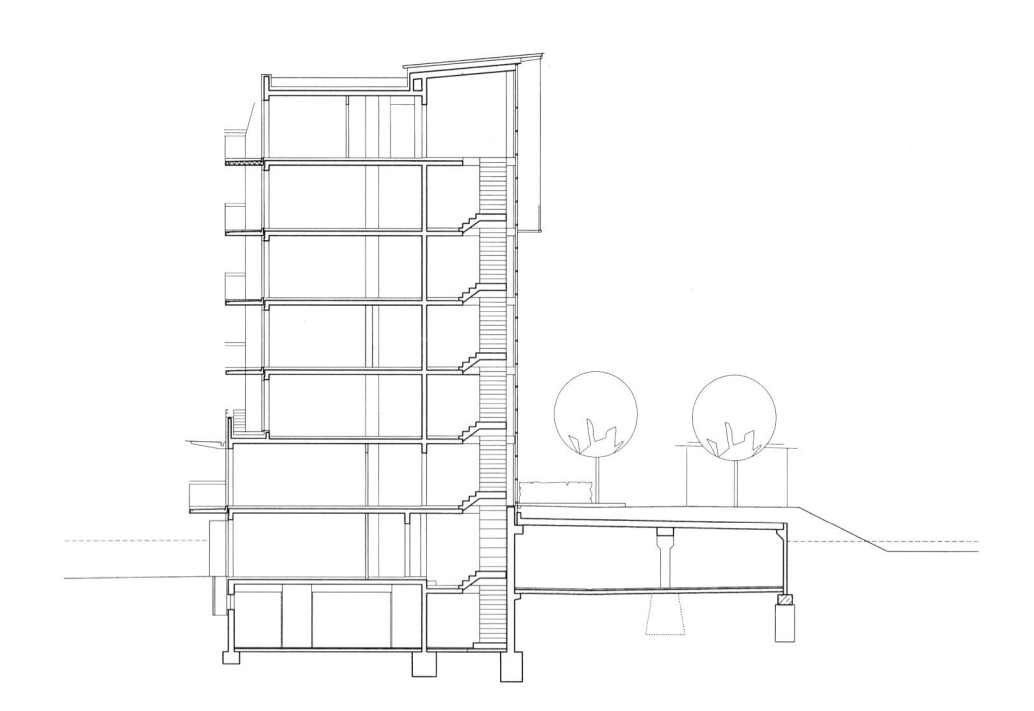

Bauherr: Gemeinnützige Wohnungsfürsorge A. G., München (GEWOFAG)
Architekten: Susanne Söldner und Dirk Stender, München
Mitarbeit: Barbara Rößner (Wettbewerb), Erika Aidelsburger, Mathias Breinl, Georg Götze, Dieter Mruck, Diana Patzak
Statik: Dorst und Partner, München
Baukosten: < 2 400 DM/m^2
Wettbewerb: 1993 (erster Preis)
Fertigstellung: 1999
Standort: Langbürgener Straße, München-Ramersdorf

Schnitte durch die hohe Lärmschutzbebauung, M 1: 300

Grundrisse, M 1: 1 000

EG

Wohnbebauung in München-Ramersdorf

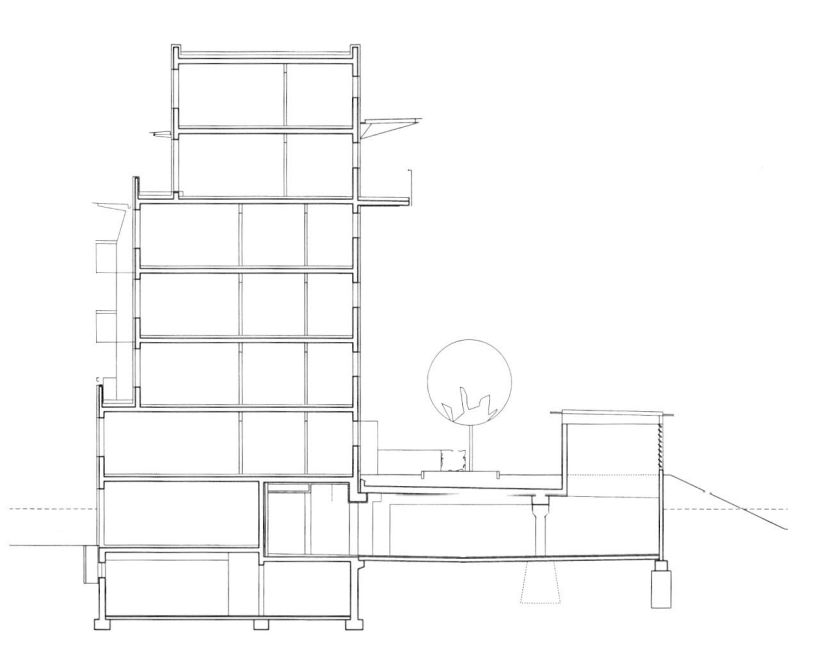

Der gebogene Laubengang auf der Stadtseite im Norden

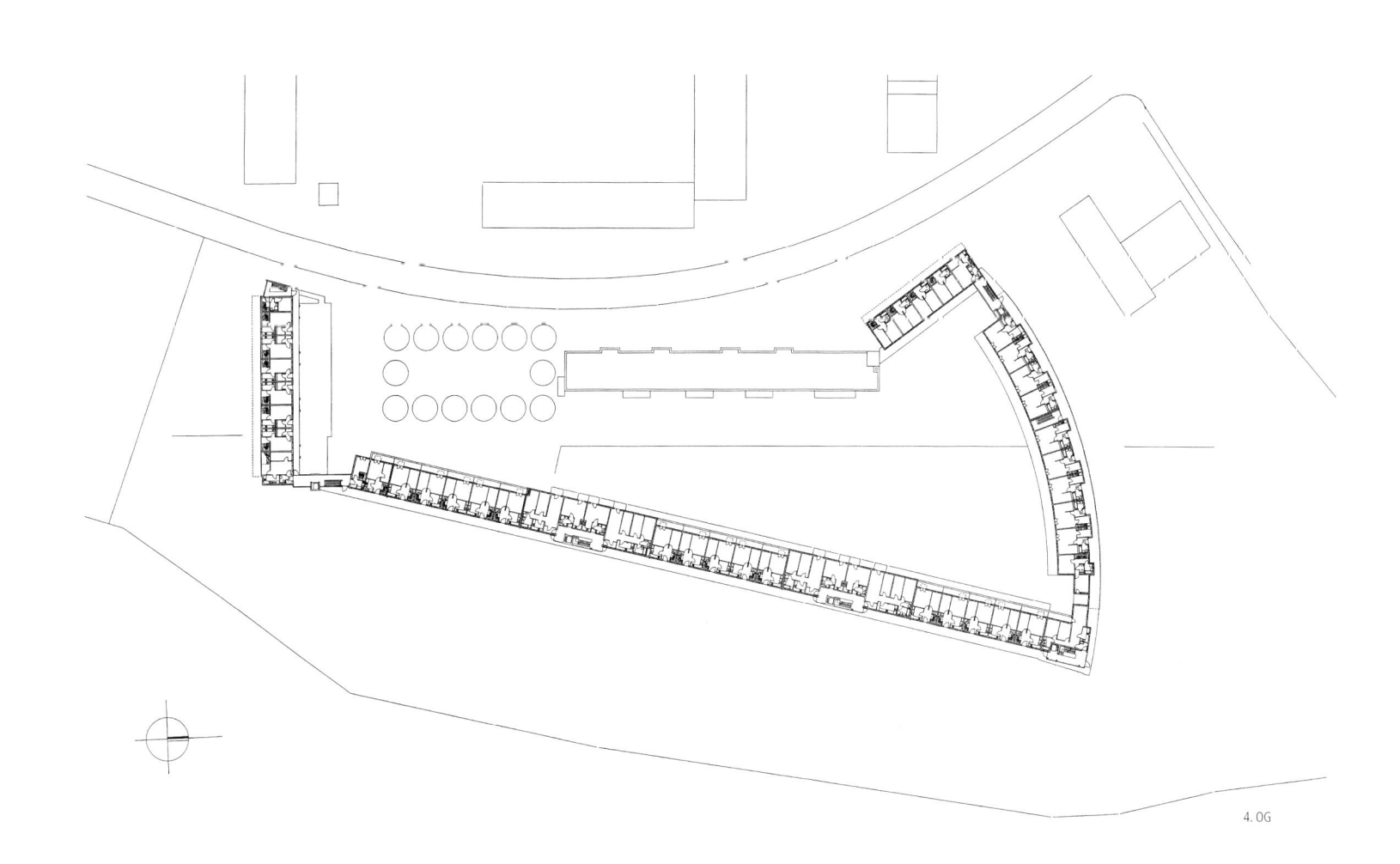

4. OG

Kommunikativer Kamm
Integriertes Wohnen in München-Altperlach
Architekt: Herbert Meyer-Sternberg, München

Der Kopfbau mit dem Café

Das von der Stadt München geförderte und begleitete Projekt für »integriertes Wohnen« (siehe auch die Seiten 44 und 128) enthält in einer kammartigen Zeilenstruktur 286 Einheiten mit einem breitgestreuten Wohnungsmix (Ein- bis Fünfzimmerwohnungen), daneben in den Kopfbauten einen Bewohnertreff und ein Cafe sowie in einem separaten Gebäude eine Kinderkrippe. Der kubische Kopfbau dient zur Stadt hin als Erkennungszeichen an der Straßenkreuzung. Daran schließt im Bogen eine ruhige Randbebauung an. Wie fünf Finger greifen Zeilen in den rückwärtigen Hof.

Erschlossen werden die Wohnungen über offene einläufige Treppen und drei zentral gelegene Aufzüge und ein Netz aus halboffenen Laubengängen auf den Nordseiten der Zeilen, die so großzügig bemessen sind, daß sie zum Verweilen einladen. Die Wohnungen im Erdgeschoß sind direkt vom Hof aus zugänglich. Die Südfassaden der Zeilen sind hingegen ruhiger und mehr vertikal gegliedert, Loggien und vor allem ein Blechdach-Baldachin über den vorspringenden Partien differenzieren die langen und hohen Gebäude. An deren Enden liegen in einer Art abgesetztem Punkthaus größere Wohnungen. Hier gehen die teils gepflasterten recht städtisch wirkenden Höfe in eine offene Grünanlage über. Von dort ist die um vieles ländlicher anmutende Doppelzeile zu sehen, die der Architekt zuvor für dieselbe Wohnungsbaugesellschaft in Holzbauweise entworfen hat.

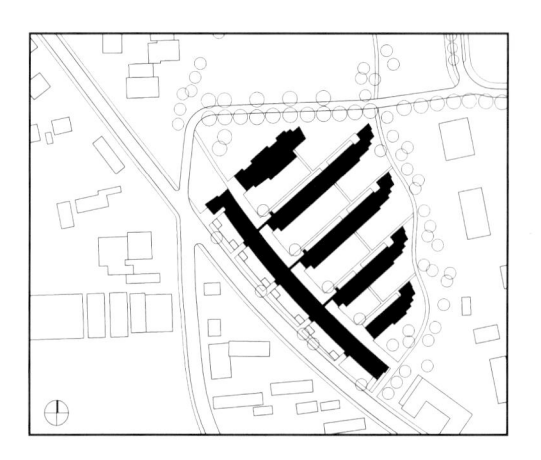

Lageplan, oben die Wohnanlage desselben Architekten von Süden

Zwischen den Zeilen: geschützte Höfe

Nordseite einer Zeile mit Treppen und Laubengängen

Integriertes Wohnen in München-Altperlach 143

Die großzügig gegliederte Zeilensüdseite

144　BLÖCKE

Kinderkrippe

Café

Öffentliches Grün

Bewohner-
treff

Grundriß EG, M 1: 1000

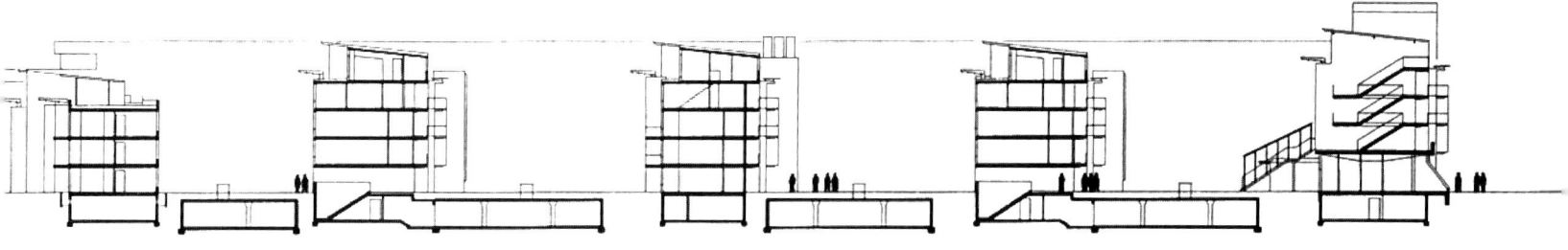

Integriertes Wohnen in München-Altperlach **145**

Querschnitt Nord-Süd, M 1: 750, im Hintergrund die Randbebauung, rechts der Kopfbau

Bauherr: GWG-Gemeinnützige Wohnstätten- und Siedlungsgesellschaft, München
Architekt: Herbert Meyer-Sternberg, München
Mitarbeit: Bettina Mühlhoff, Harald Lankes
Tragwerksplanung: Ingenieurbüro Lassus, München
Landschaftsplaner: Teutsch & Partner, München
Baukosten: 2 320 DM/m2 Hauptnutzfläche
Fertigstellung: 1998
Standort: Ottobrunner Straße 105, München-Altperlach

Die hellblaue Wohnseite mit dem schützenden Baldachin über Balkonen und Erkern sowie dem holzverkleideten Sockel

Ausschnitt des Sockelgeschosses, Südseite

Integriertes Wohnen in München-Altperlach 147

**Die breite Dachkrempe
schützt im Süden
Balkone und Terrassen**

Sockeldetail

Pioniere der Südstadt

Stadthaus in Tübingen
Architekten: Gerd-Rüdiger Panzer und Plan 5, Martin Frey, Tübingen

Die Ecke am Lorettoplatz

»Eine Alternative zu den gängigen Bauträgermodellen« war das Ziel, als sich im Herbst 1994 die ersten Interessenten für eine private Baugemeinschaft trafen. Initiator des »Projekts 14« im ehemaligen Kasernenareal Tübinger Südstadt (siehe auch Seite 152 ff.) war der Architekt Martin Frey. Über eine Zeitungsannonce hatte er versucht, Gleichgesinnte für seine Idee zu begeistern, die Eckparzelle am Lorettoplatz in eigener Regie zu bebauen – Frey wollte hier mit seinem Büro Plan 5 selbst einziehen.

Von ursprünglich dreißig Interessenten blieben dann nur noch vier Familien übrig, die sich einig waren. Sie suchten und fanden neun weitere Parteien, und gemeinsam bewarb sich diese »Baugruppe Süd« 1995 bei der Stadt um das Grundstück. Das in langen Diskussionen erarbeitete Konzept überzeugte (anders als üblich vergab die Stadt das Bauland nicht an den Meistbietenden), und so konnte 1997 mit dem Bau begonnen werden.

Dem Gebäude, das nun gegenüber dem ergrauten Altbau des Stadtsanierungsamts, inmitten weiterer Baustellen in leuchtendem Blau erstrahlt, sieht man den ungewöhnlichen Entstehungsprozeß nicht an, jedenfalls nicht auf den ersten Blick. Die Fassaden zum Lorettoplatz sind differenziert, doch »aus einem Guß«, wenn auch längst nicht so simpel wie etwa bei dem »Hochhäusle« am anderen Ende des Platzes: ein heller Sockel mit Gewerberäumen (und dem Architekturbüro), darüber 13 Wohnungen mit holzverschalten Erkern, teils eckig, teils geschwungen vorspringenden Balkonen. Richtig aus dem Rahmen des üblichen fällt nur die Dachlandschaft mit großen Terrassen, einer hölzernen Tonne und einer Solaranlage. Diese – von den Südstadtregeln so angelegte – zurückhaltende Gliederung überzeugt, schließlich bauen ringsum noch einige private Baugemeinschaften, und wenn die alle ihre rühmliche Selbstverwirklichung plakativ »heraushängen« wollten, wäre die Kakophonie perfekt. Puristen unter den Architekten wird es in der Südstadt eh schon zu bunt.

Die Sonnenseite des Hauses ist die Rückseite. Wo sonst bei Eckhäusern in schwierigen Zwickeln verzwängte Erschließungszonen liegen, gelang hier ein wahrhaft wohnlicher, freundlicher Vor-Raum: Offene Treppenläufe und Gänge führen hinauf bis zur gemeinsamen Dachterrasse in luftiger Höhe, vor den Wohnungstüren bleibt Platz für Pflanzen und Bänke, Roller und Schuhe. Für Eilige gibt es einen engen Lift, doch die Treppenabsätze taugen besser als Treffpunkte, »Hangouts« oder Rednertribüne.

Bei den Wohnungsgrundrissen gleicht keiner dem anderen, trotz der vorgegebenen Hülle ging der Architekt auf die unterschiedlichen Lebens- und Wohnsituationen seiner Baugruppenpartner geschickt ein. Mal gibt es viele kleine Räume, auch mit schrägen Wänden, mal mehr offene Allraumsituationen. Am Markt wäre der passende Zuschnitt gewiß schwer zu finden gewesen – zum Erstaunen aller blieben die Baukosten des innovativen »Bauherren-Modells« 25 Prozent unter denen vergleichbarer Angebote von Bauträgern, wo man sich einfach »eingekauft« hätte. Und es gibt dazu den Gemeinschaftsraum und die Dachterrasse, die Solaranlage (für Warmwasser), wie überhaupt viel Wert auf ökologische Aspekte gelegt wurde – und dazu gehören ja auch die sozialen »Regelkreise«, die bei dieser aufwendigen Planung gleich auf ihre Funktion geprüft werden konnten. Im Herbst 1998, vier Jahre nach der ersten Annonce, zogen die Bauherren, -frauen und -kinder ein.

Stadthaus in Tübingen **149**

Von weitem ist die Dachterrasse erkennbar

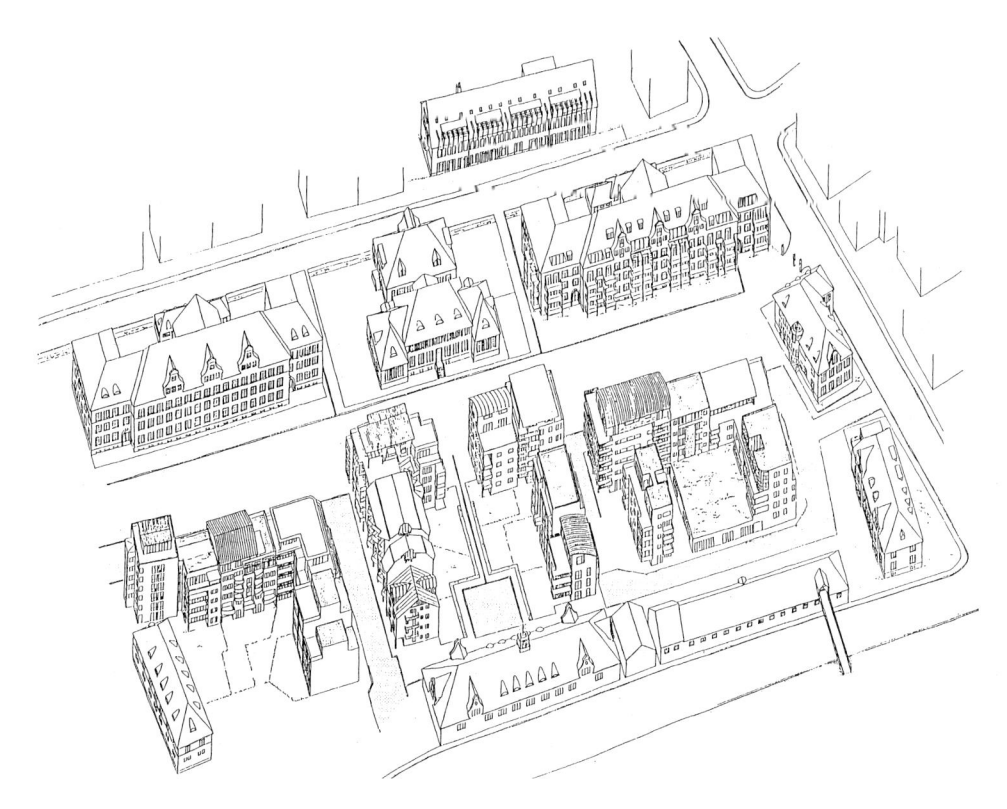

Isometrie des Konversionsgebietes, in der Mitte links das Eckhaus

150 ERGÄNZUNGEN

Grundrisse, M 1: 300

Das geschickt eingefügte Treppenhaus

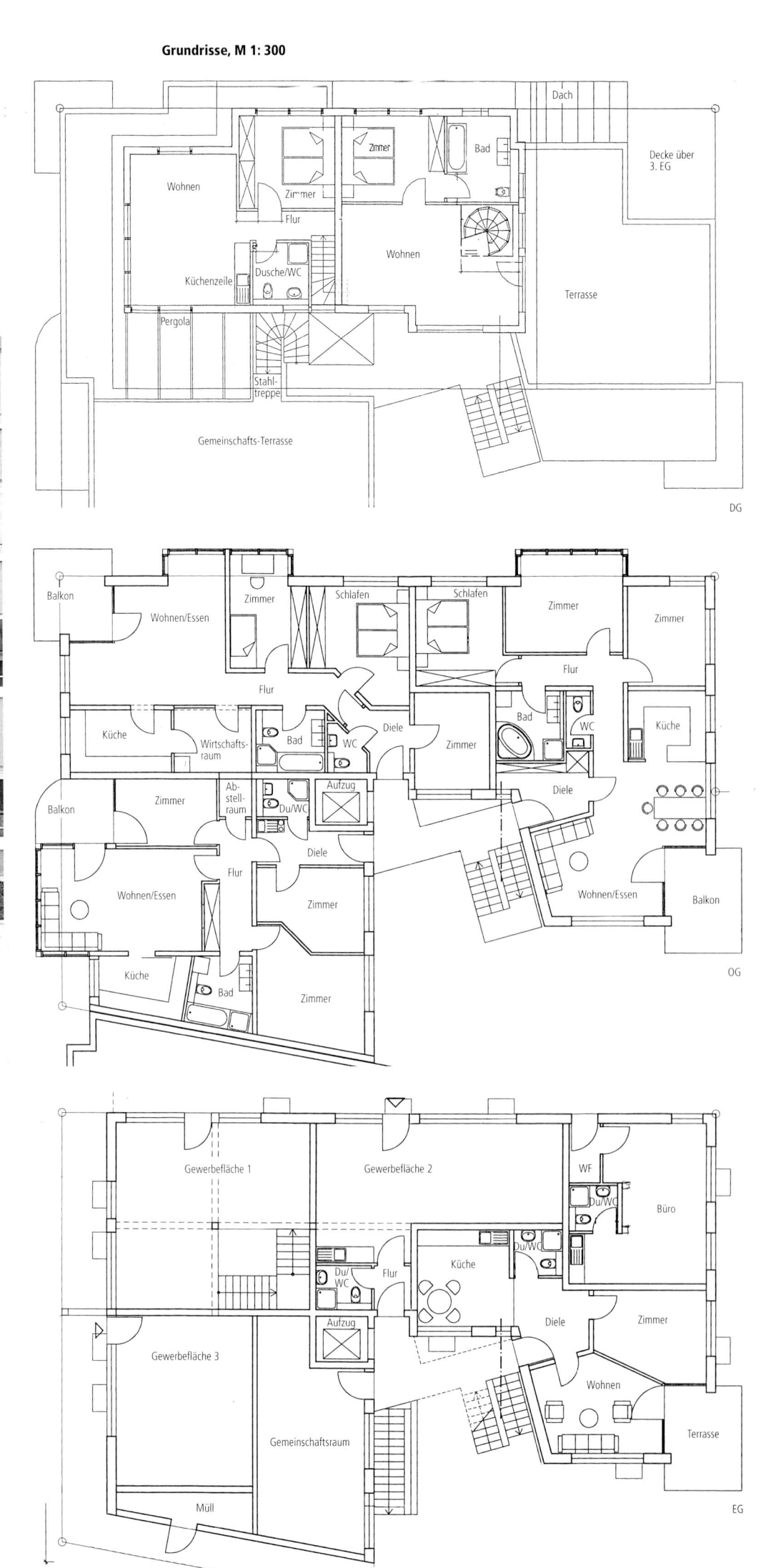

Stadthaus in Tübingen

Die Dachlandschaft aus der Nähe

Bauherr: Baugruppe Süd
Tragwerksplanung: Bernd Lewandowski, Balingen
Baukosten: 1 807 DM/m² HNF
Standort: Lorettoplatz 14

ERGÄNZUNGEN

Maßgeschneidert
Eckbebauung in Tübingen
Architekt: Bürk Architekten, Tübingen

Der Stadtmensch von heute hat sich fast schon daran gewöhnt, daß seine gebaute Umgebung von großen, monofunktionalen Einheiten bestimmt wird: Blöcke, Zeilen, Hochhäuser, ganze Stadtviertel werden inzwischen von einem Unternehmen – neudeutsch Developer – »entwickelt«. Ein bauender Mittelstand, wie er bis in die zwanziger Jahre das typische, kleinteilige Stadtbild prägte, existiert nicht mehr. Diese Vereinheitlichung, von den sie tragenden ökonomischen Kräften stets als »modern« definiert, wird zunehmend als Verlust empfunden. Die große Stadtfluchtbewegung der letzten Jahrzehnte geht maßgeblich auf diese »Unwirtlichkeit der Städte« zurück – und hat sie nur weiter zementiert: »Städte« sind heute krakenartige Agglomerationen aus großflächig getrennten, Mobilität erzwingenden Funktionseinheiten ohne erkennbare Gestalt oder, wie die Soziologen sagen, »Identität«.

Das zu ändern, wieder eine lebendigere, wohnlichere Stadt zu bauen, haben seit den »postmodernen« siebziger und achtziger Jahren schon manche Planer versucht. Doch echte (und nicht vorgetäuschte) städtische Vielfalt herzustellen, gehört unter den herrschenden bürokratisch-kapitalistischen Verhältnissen offenbar zu den schwierigsten Vorhaben überhaupt. Der kleinen Universitätsstadt Tübingen ist es bei der Nachnutzung ehemals französischer Garnisonsgelände gelungen, und das hier gezeigte kleine Stadthaus (sowie das vorhergehende Projekt auf Seite 148) stellt einen beispielhaften Baustein darin dar.

»Mischen Sie mit!« – mit diesem in Zeitungsannoncen verbreiteten Appell hatte sich das bei der Umnutzung der 650 ha großen Kasernengelände federführende Stadtsanierungsamt an die Tübinger Bürger gewandt. Private Baugemeinschaften sollten sich mit individuellen Konzepten um den – durch einen städtebaulichen Rahmenplan gegliederten – Baugrund bewerben. Die Zonierung als Mischgebiet erlaubte die vertikale Nutzungsmischung – im Erdgeschoß Gewerbe, Läden oder Büros, darüber Wohnungen, doch weder Breite noch Höhe der einzelnen Häuser waren von den Planern genau festgeschrieben. Die Parzellen sollten so auf die künftigen Nutzer zugeschnitten werden und – entscheidender Punkt – nicht an den Meistbietenden, sondern an die Baugemeinschaft mit dem besten Konzept veräußert werden. Die zahlte dann auch nur einen ihrem Konzept (Geschoßzahl u. a.) entsprechenden Preis.

Mitten im »Französischen Viertel«, am Provenceweg, konnte der Tübinger Architekt Thomas Bürk so gemeinsam mit dem Ehepaar Lapp eine kleine Parzelle erwerben, die Platz für Bürks neues Büro sowie für vier Geschoßwohnungen bot: 6,50 m schmal (Brandwände links und rechts), das Baufenster knapp 13 m tief.

Der Grundstückspreis war mit 152 DM/m² für Tübinger Verhältnisse sehr günstig. Ungewöhnlich ist auch, daß nur ein Stellplatz nachgewiesen wurde – das ausgeklügelte Parkierungskonzept für das Viertel sieht vor, daß die Bewohner ihre Autos in Parkhäusern am Rande des Gebiets abstellen. Das spart viel Fläche, fördert die Wohnruhe und das Umsteigen auf den Stadtbus. Auch auf einen Heizungskeller konnte verzichtet werden, denn das gesamte Gebiet wird mit Fernwärme versorgt.

Auf der minimalen Grundfläche entstand ein schlankes Gebäude mit fünf Etagen, ausgeführt als konventioneller Massivbau, ein durch das seitlich angeordnete Treppenhaus mit zweiläufiger Treppe erschlossener Einspännertyp. Die Dachkontur fügt sich mit einer an (»französische«) Mansarddächer erinnernden, zurückgestaffelten Tonnenform in die für das Gebiet verbindliche Hüllkurve – diese sorgt für ein gewisses Maß an Einheit in der Vielfalt, die jedes Ensemble braucht.

Disziplin auf schmaler Parzelle: die Eingangsfassade

Der Normgrundriß der Wohnungen ist dreizonig, mit innenliegenden Naßräumen, die oberste Einheit ist eine Maisonettewohnung mit Dachterrasse. Die Fassaden bilden die Dreiteilung des Hauses nach außen ab. Die Südfassade ist über dem verglasten Studio im EG durch angehängte leichte Stahlbalkone gegliedert. Die Straßenseite im Norden ist geschlossener, die plastische Lochfassade dominiert ein pastellgelb gestrichener Erker, der gemeinsam mit einem offenen Schuppen ein geschütztes, freundliches Entree formt. Alles überwölbt die Krone eines alten Baumes. Südlich schließt die Französische Allee an, die Nachbarschaft bildet eine bunte Mischung aus alten, phantasievoll umgenutzten Kasernen, Gewerbehöfen, neuen Stadthäusern und ein paar noch unbebauten Parzellen. Binnen weniger Jahre ist das Gebiet, das einmal insgesamt 6 000 Einwohner und 2 500 Arbeitsplätze beherbergen soll, schon weit gediehen – dank einer engagierten Moderation durch die Stadt, die zugunsten sozialer Vielfalt auf kurzsichtige Profitmaximierung verzichtete. Wenn diese Grundlagen stimmen, kann die Architektur auf nostalgische Zitate verzichten, kann wie hier klar, rationell und zugleich edel wie kostengünstig sein.

Noch ist das Ensemble nicht komplett

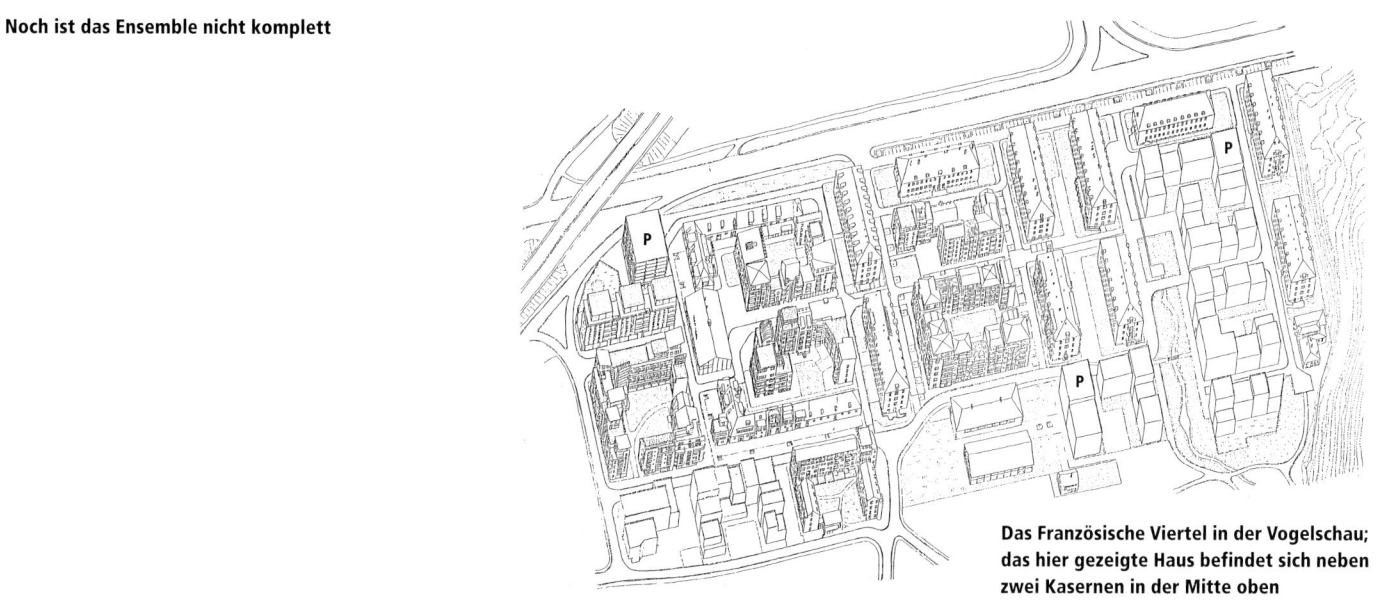

Das Französische Viertel in der Vogelschau; das hier gezeigte Haus befindet sich neben zwei Kasernen in der Mitte oben

154 ERGÄNZUNGEN

Der Stadtbaustein

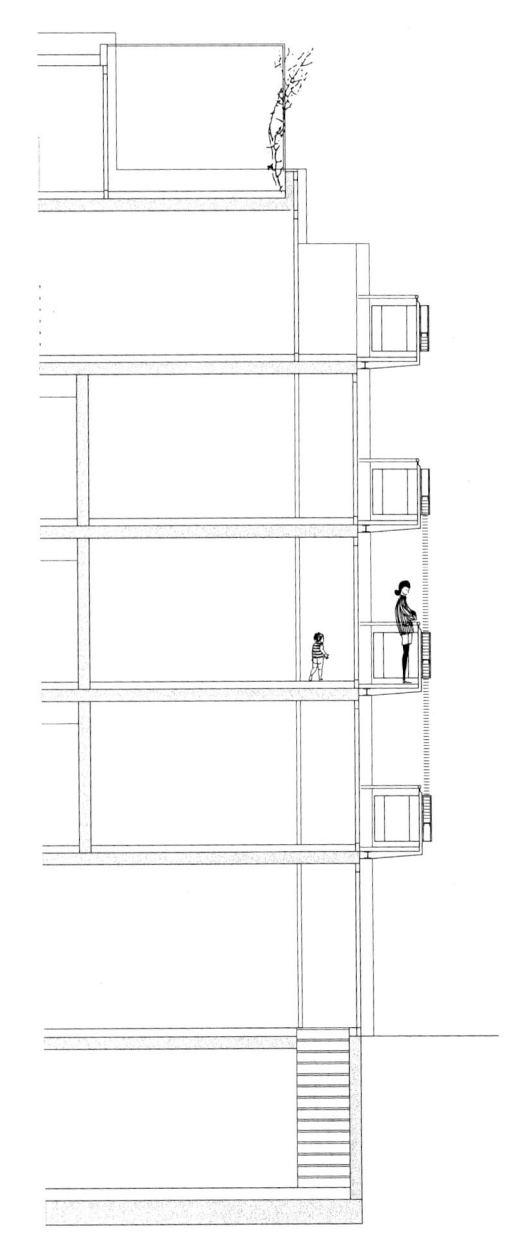

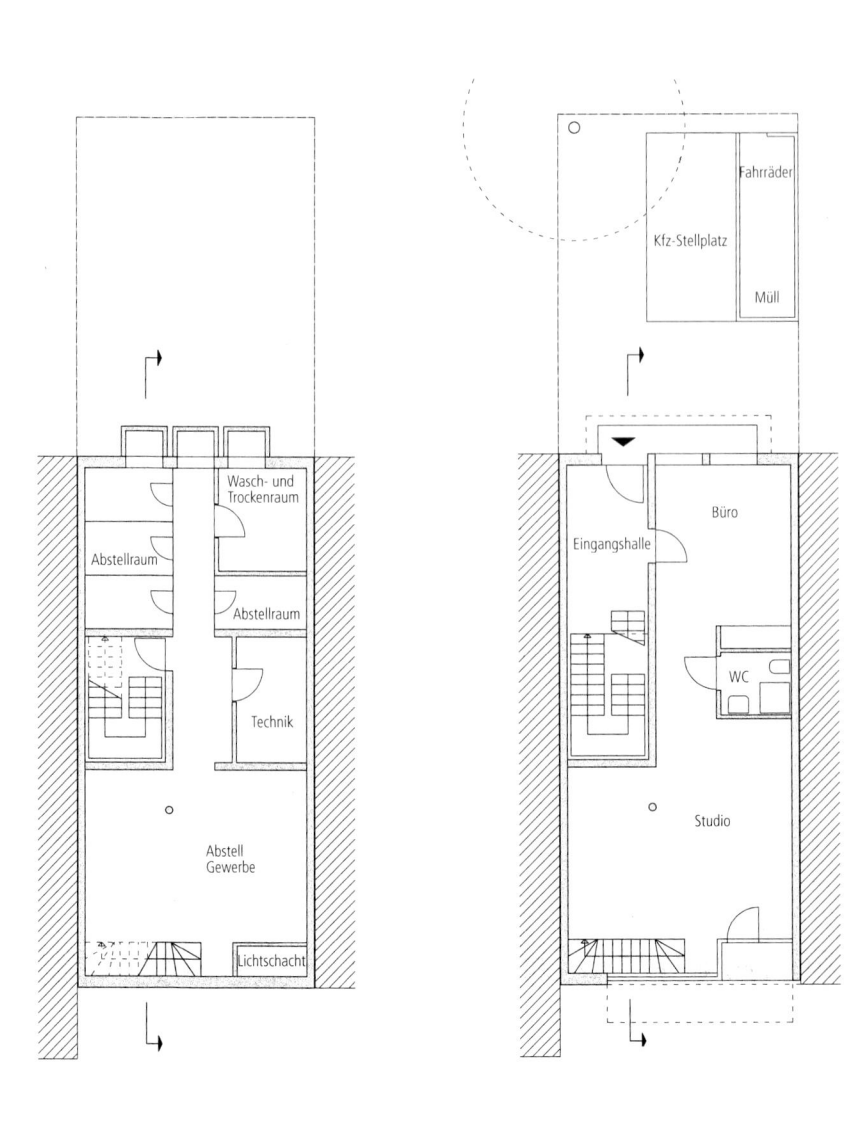

Schnitt der Südfassade, M 1: 200

Eckbebauung in Tübingen **155**

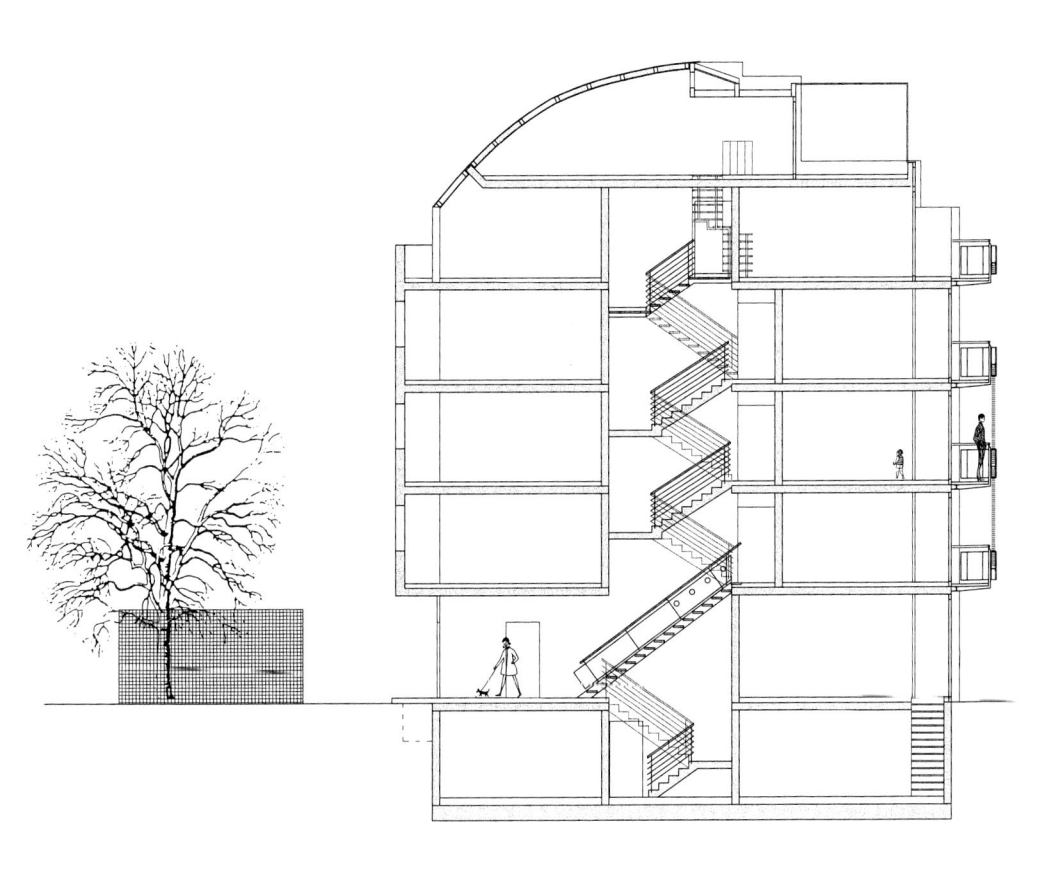

Bauherren: Thomas Bürk, Bärbel und Werner Lapp
Tragwerksplanung: Ingenieurbüro Uli Ströbele, Tübingen
Baukosten: 2 024 DM/m²
Fertigstellung: 1998
Standort: Provenceweg 12, Tübingen

Grundrisse und Schnitt, M 1: 300

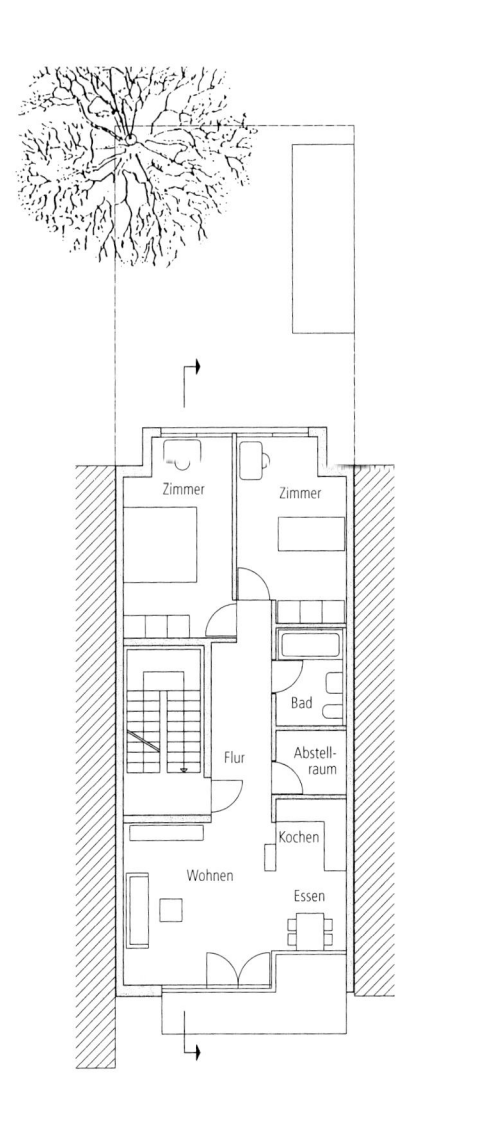

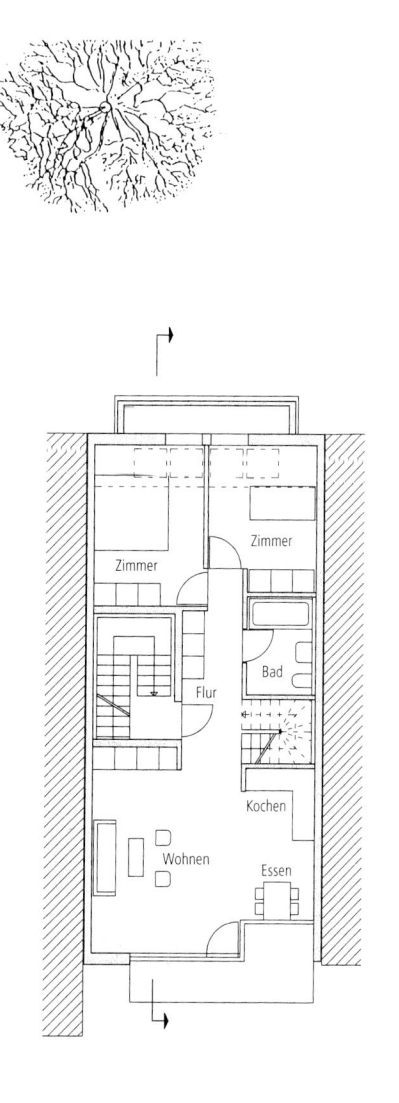

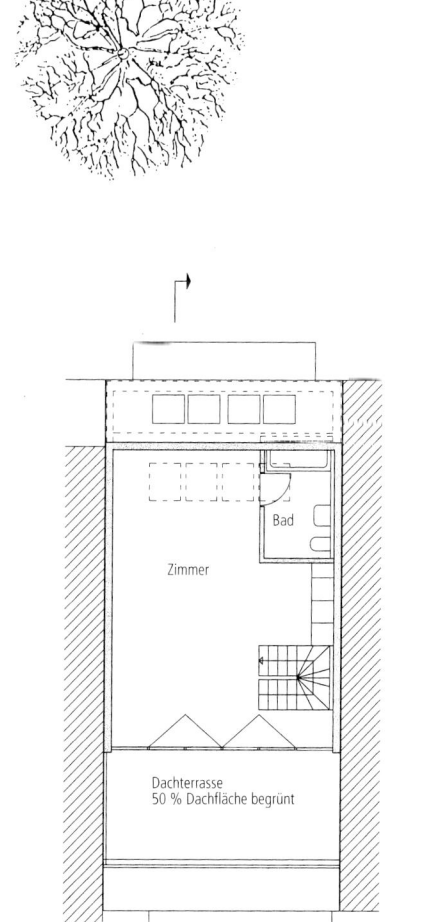

ERGÄNZUNGEN

Gelungener Lückenschluß
Lückenschluß in Offenbach
Architekt: Alfred Jacoby, Frankfurt am Main

Neuinterpretation des gründerzeitlichen Fassadenschemas

Die Seestraße in Offenbach ist eine Gründerzeitstraße, wie sie im Buche steht: Stolze Mietshäuser mit nahezu lückenlos erhaltenen Stuckfassaden säumen den heute verkehrsberuhigten Straßenzug in unmittelbarer Nähe des Bahnhofs. Kinder spielen ungestört, auf dem Trottoir bietet ein Krämerladen Obst und Gemüse feil.

Daß es sich hier um historischen Boden handelt, zeigt auch die Grünanlage im nur noch halb geschlossenen Innenhof: Das war einmal der jüdische Friedhof. Lange Zeit klaffte in der Blockrandbebauung eine der letzten Baulücken des Zweiten Weltkriegs. Zudem bedurfte der Blockinnenbereich der Neuordnung, zwei benachbarte Altbauten waren sanierungsbedürftig, ein ehemaliger Pferdestall stand leer.

Das war der Rahmen, in welchen der – zuvor durch mehrere neue Synagogenbauten hervorgetretene – Frankfurter Architekt Alfred Jacoby in einer behutsamen Intervention 43 öffentlich geförderte Wohnungen einfügte. Der Neubau an der Seestraße besteht aus zwei nahezu identischen, viereinhalbgeschossigen Zweispännertypen, die Grundrisse der Wohnungen sind, in Anlehnung an die Nachbarbebauung, relativ tief und daher drei-, stellenweise sogar vierzonig angelegt – ein Küchenerker ist in den ruhigen Wohnraum eingeschoben. Wo im sanierten Altbau nebenan dreieinhalb Etagen Platz fanden, bringt man aufgrund der heute geringeren Geschoßhöhe viereinhalb Ebenen unter. Ein Neubau sieht also schon deshalb anders aus als die alten Nachbarhäuser. In der Proportion und Gruppierung der Fenster weist das Gebäude aber augenfällige Parallelen zum Bestand auf, auch ein schmales Fensterband unter der Traufe nimmt ein ähnliches Motiv von dort auf – die maßstäbliche Einfügung ist so gut gelungen. Auffällig ist einzig die Materialwahl: Vor der hellen Putzfassade stehen Schiebeläden aus verzinktem Lochblech in reizvollem Kontrast zum warmen Holzton der Fensterelemente. Im Hof sind verwandte Schiebeelemente und Gitterroste an vorgehängten Balkonen zu finden. So kann jeder der Mieter bei Bedarf auf Abstand gehen (nur akustisch und wärmetechnisch nützen die Läden nichts).

Im Blockinnenbereich wurde der ehemalige Pferdestall umgenutzt und – als räumlicher Abschluß zum Friedhofsgelände – ein dreigeschossiger Atriumbau eingefügt. Dies ist ein ungewöhnlicher Geschoßwohnungsbau, dessen Introvertiertheit an dieser Stelle Sinn ergibt. Eine alte Kastanie beschirmt Alt und Neu im auf diese Weise wiederbelebten Hof.

Lageplan: oben die Randbebauung, in der Mitte das neue Atriumhaus im Hof

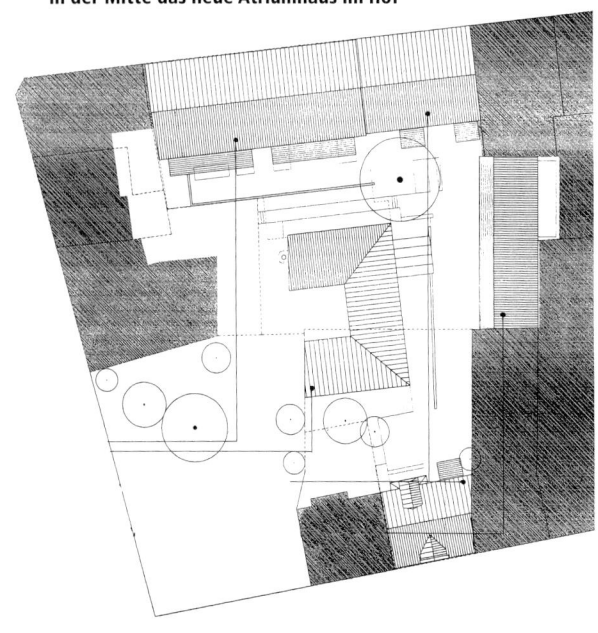

Straßeneingang

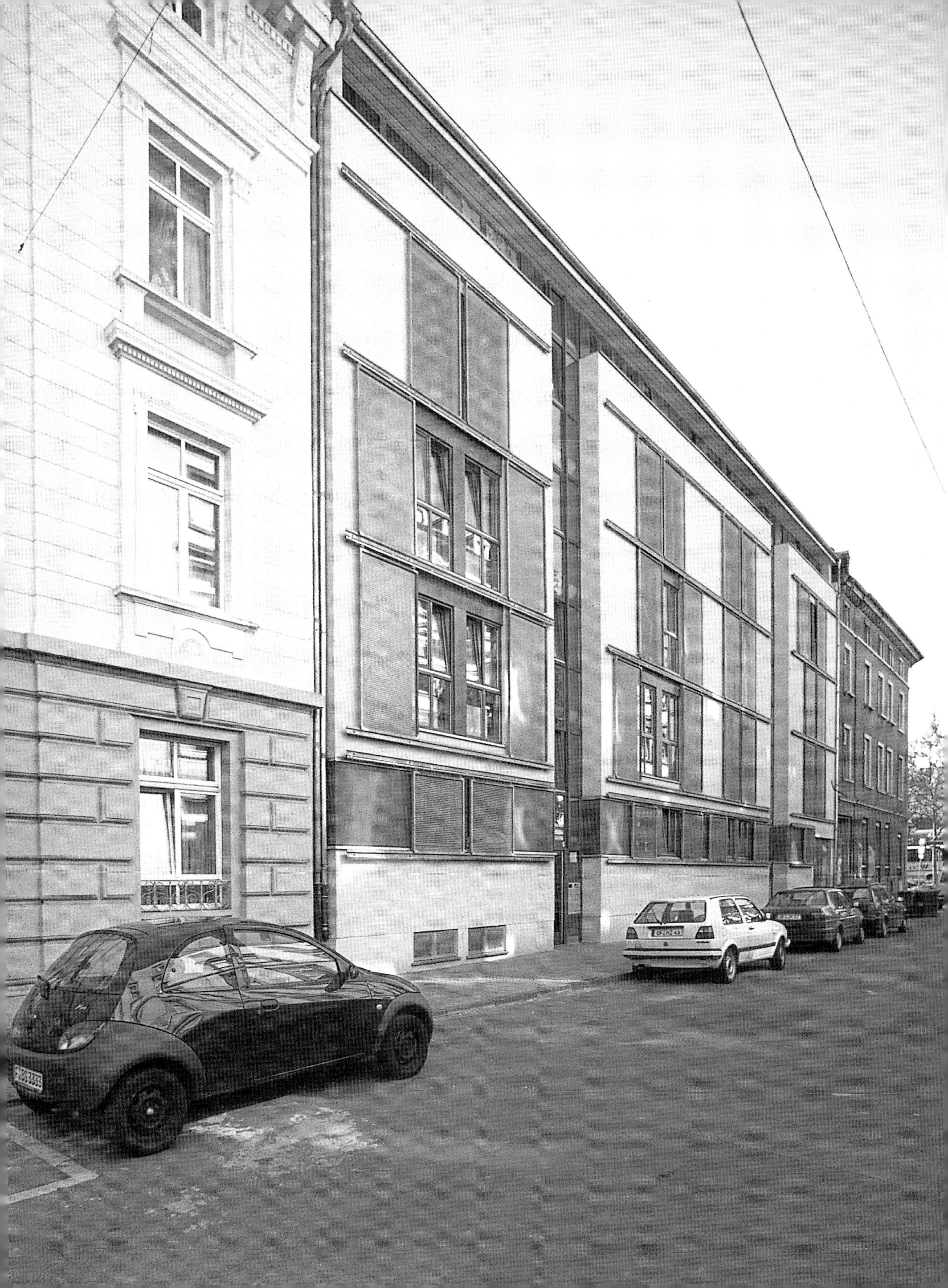

158 ERGÄNZUNGEN

Architekt: Alfred Jacoby, Frankfurt am Main
Fertigstellung: 1997
Standort: Mittelseestraße 3,
Groß-Hasenbach-Straße 8, Offenbach

Fassadendetail

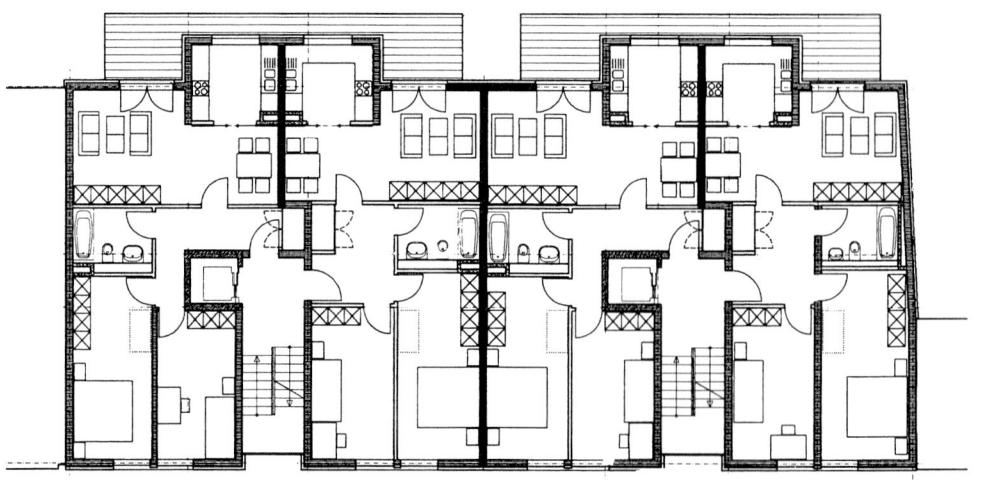

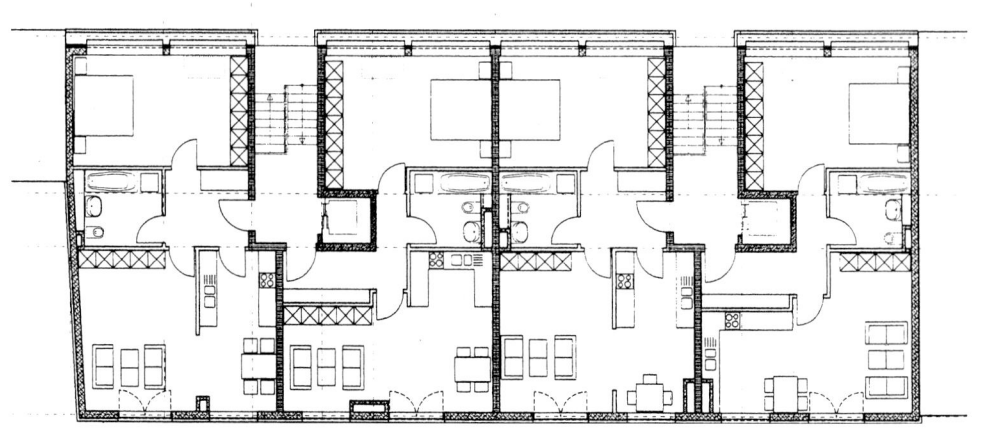

Grundrisse der Randbebauung, M 1: 200

Lückenschluß in Offenbach 159

Beide Gebäude, vom Gelände des ehemaligen Jüdischen Friedhofes aus gesehen

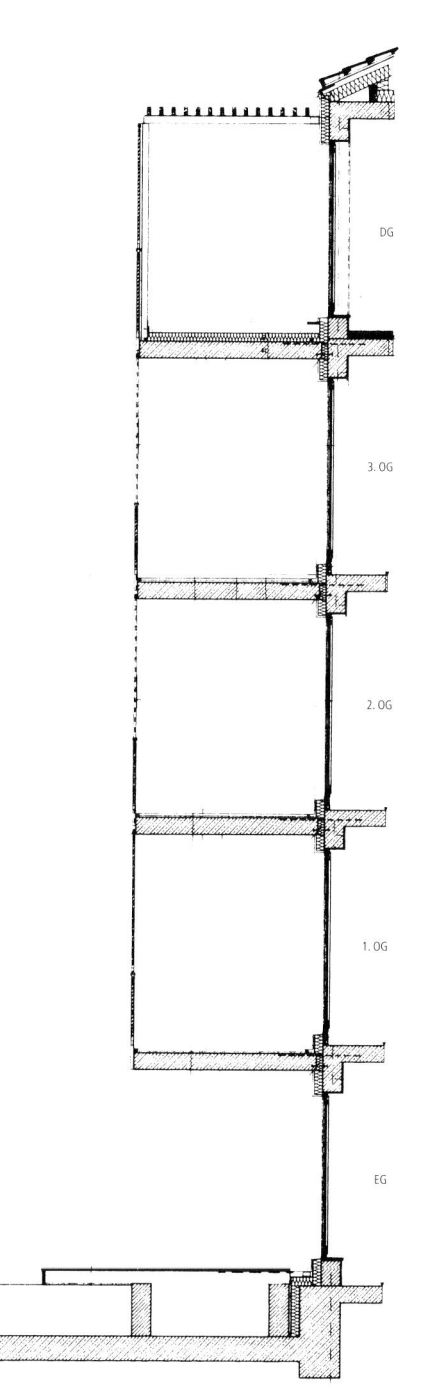

Fassadenschnitt der Randbebauung, Südseite, M 1:100

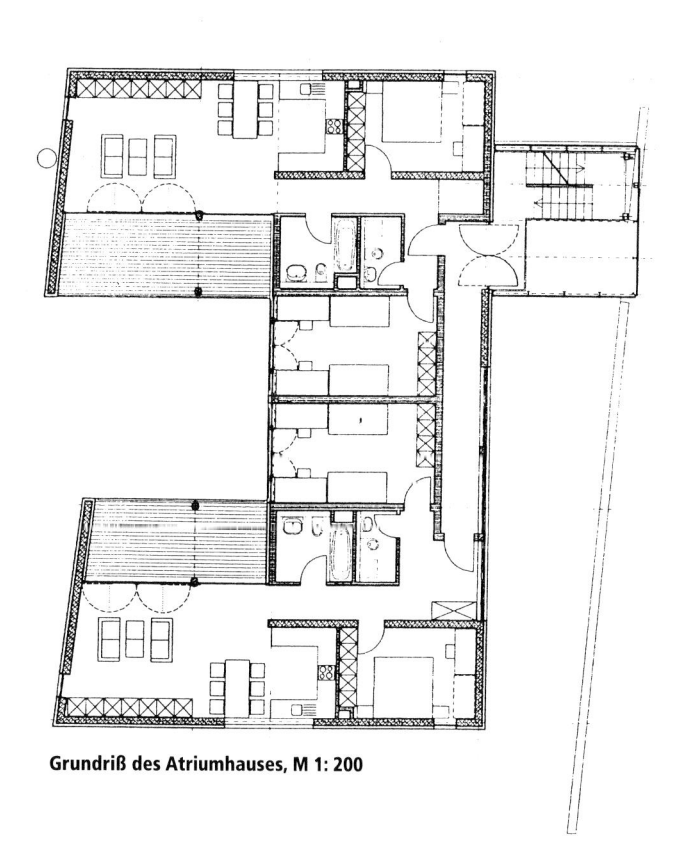

Grundriß des Atriumhauses, M 1:200

Weiterführende Literatur

Flagge, Ingeborg (Hrsg.), Geschichte des Wohnens, Bd. 5, 1945 bis heute, Stuttgart 1999
Faller, Peter, Der Wohngrundriß, Entwicklungslinien 1920-1990, Stuttgart 1996
Wüstenrot-Stiftung (Hrsg.), Neue Wohnformen im internationalen Vergleich, Stuttgart 1999
Hackelsberger, Christoph, Hundert Jahre Wohnmisere – und kein Ende?, Braunschweig 1990
Architektenkammer Baden-Württemberg, Wohnen und Wohnungen bauen, Stuttgart 1993
Hafner, Thomas, u. a., Wohnsiedlungen, Basel 1998
Oberste Baubehörde Bayern (Hrsg.), Siedlungsmodelle, München 1998
Oberste Baubehörde Bayern (Hrsg.), Wohnmodelle Bayern (3), München 1999
Gestring, Norbert, u.a., Ökologie und urbane Lebensweise, Wiesbaden 1997
Kabisch, Wolfgang (Hrsg.), Und hinter der Fassade, Köln 1985
Mohr, Christoph; Müller, Michael, Funktionalität und Moderne, Das neue Frankfurt und seine Bauten, Köln 1984
Hertzberger, Hermann, Vom Bauen, München 1995
Gausa, Manuel, Housing, New Alternatives, New Systems, Basel 1998

Bildnachweis

Einleitung: Abbildung aus Tessin, Wulf, Der Traum vom Garten – ein planerischer Alptraum?, Frankfurt, 1994.
Kassel 1: Christian Richters, Münster
Kassel 2: Christoph Gunßer, Bartenstein
Frankfurt: Christoph Gunßer
Ingolstadt: Christoph Gunßer, Bartenstein
Regensburg 1: Stefan Müller-Naumann, München
Mäder: große Fotos: Eduard Hueber, New York; andere: Christoph Gunßer, Bartenstein
München-Altperlach: Architekt/Christoph Gunßer, Bartenstein
München-Ludwigsfeld: Christoph Gunßer, Bartenstein
Winterthur 1: Thomas Fechtner, La Sagne; Ralph Huth (4), Zürich (1); Christoph Gunßer, Bartenstein (1)
Zürich-Höngg: Ferit Kuyas, Wädenswil
Berlin-Spandau: Christoph Gunßer, Bartenstein
Winterthur-Wülflingen: Architekt
Regensburg: Christoph Gunßer, Bartenstein
Hannover: Lukas Roth, Köln (bis auf letztes Foto: Christoph Gunßer, Bartenstein)
Berlin-Weißensee: Christoph Gunßer, Bartenstein
Frankfurt-Unterliederbach: Christoph Gunßer, Bartenstein
Darmstadt: Architekten
Freiburg: Christoph Gunßer, Bartenstein
Ingolstadt: Michael Heinrich, München (3. BA); Christoph Gunßer, Bartenstein (2. BA)
Konstanz: Christoph Gunßer, Bartenstein
Günzburg: Christoph Gunßer, Bartenstein
München-Ramersdorf: Architekten
München-Altperlach 2: Architekt, Christoph Gunßer (1)
Tübingen (2): Christoph Gunßer, Bartenstein
Offenbach: Christoph Gunßer, Bartenstein
Schutzumschlag: *(obere Reihe)* Christian Richters, Münster; Christoph Gunßer, Bartenstein (2); Stefan Müller-Naumann, München; Eduard Hueber, New York; *(untere Reihe)* Thomas Fechtner, La Sagne; Christoph Gunßer, Bartenstein (2); Ferit Kuyas, Wädenswil (2)